Organização do trabalho intelectual

Organização do trabalho intelectual

Fórmulas práticas destinadas aos estudantes
de todas as faculdades e a todos
os trabalhadores intelectuais

☙

PAUL CHAVIGNY

Tradução
Christian Lesage

Organização do trabalho intelectual:
fórmulas práticas destinadas aos estudantes
de todas as faculdades e a todos os trabalhadores intelectuais
Paul Chavigny
1ª edição — julho de 2020 — CEDET
Título original:
Organisation du Travail Intellectuel — Recettes pratiques a l'usage
des étudiants de toutes les facultes et de tous les travailleurs

Reservados todos os direitos desta obra.
Proibida toda e qualquer reprodução desta edição por qualquer meio ou forma, seja ela eletrônica ou mecânica, fotocópia, gravação ou qualquer outro meio de reprodução, sem permissão expressa do editor.

Editor:
Felipe Denardi

Tradução:
Christian Lesage

Revisão:
Henrique Bernardes

Preparação de texto:
Beatriz Mancilha

Capa:
Vitório Armelin

Diagramação:
Gabriela Haeitmann

Revisão de provas:
Julhiana Bandechi
Tamara Fraislebem

Os direitos desta edição pertencem ao
CEDET — Centro de Desenvolvimento Profissional e Tecnológico
Rua Armando Strazzacappa, 490
CEP: 13087-605 — Campinas–SP
Telefones: (19) 3249–0580 / 3327–2257
e-mail: livros@cedet.com.br

Conselho editorial:
Adelice Godoy
César Kyn d'Ávila
Silvio Grimaldo de Camargo

SUMÁRIO

Prefácio 9

Introdução 15

Capítulo I
A necessidade de um método de trabalho individual
— Origens desse método 17

Capítulo II
Instrução preparatória — Instrução profissional
— Instrução pessoal 23

Capítulo III
A individualidade intelectual
— Seu desenvolvimento — Papel da memória 29

Capítulo IV
Adquirir — Acumular 33

Capítulo V
Técnica das anotações — Inscrevê-las — Classificá-las 47

Capítulo VI
Ordem material — Organização prática 67

Capítulo VII
Os institutos de bibliografia 83

Capítulo VIII
Aplicação do material 87

Conclusão 101

Prefácio

A biblioteca da Universidade de Nancy permaneceu fechada durante os três meses de agosto, setembro e outubro de 1914. Por um momento, todavia, pensou-se em reabri-la, para que se instalassem, nas salas de leitura, os escritórios de um estado-maior do exército: no dia 9 de agosto, um oficial do General De Castelnau veio visitá-las com esse objetivo. Mas essa honra coube a Pont-Saint-Vincent, cuja localização era mais adequada à condução das operações de guerra diante de Bayon e de Charmes e à resistência vitoriosa de Grand-Couronne que, ao salvar a capital da Lorena, contribuiu para salvar também a França.

A reabertura dos cursos de ensino superior em Nancy, bem como em todas as cidades que comportam uma universidade, ocorreu na data normal, nos primeiros dias de novembro. Foi reaberta também a biblioteca, para os professores que não haviam sido mobilizados e para os alunos que aguardavam, impacientes, a convocação de suas classes (classes de 1916, 1917, 1918 e na seqüência, com certeza, classe de 1919) ou simplesmente completar dezessete anos para poderem alistar-se e reunir-se aos companheiros que tinham a felicidade de combater pela França.

Mas aos freqüentadores habituais de nossa biblioteca juntou-se logo uma clientela inesperada, clientela militar, devido à presença do serviço de saúde. Talvez não haja um só major-médico auxiliar, ou major-médico, para não falar de diversos médicos principais, que não tenha imediatamente solicitado e obtido autorização para uso da biblioteca universitária, sempre que a duração de sua permanência em Nancy ou em seus arredores tenha sido significativa. O reitor conserva cuidadosamente a lista, já extensa e que continua a crescer a cada mês, desses novos leitores. Ele nunca havia visto semelhante freqüência. Certos dias, constituía um belo espetáculo a visão predominante dos uniformes, mais ou menos desgastados em função da campanha no *front*; a sala tornava-se inteiramente azul ou cáqui. Dentre estes, o pessoal da biblioteca não tardou a notar um médico com quatro galões (atualmente ele porta cinco), que, sem a menor intenção, já que estava lá exclusivamente por seu próprio interesse, dava a todos os seus jovens colegas um exemplo de assiduidade e trabalho. Tratava-se do Doutor Chavigny, professor-adjunto do Hospital Militar de Val-de-Grâce.

Ele quis, então, ser-lhes ainda mais útil. Seria o ambiente, que o fazia lembrar dos estudantes e das dificuldades nos primeiros estudos de medicina? A boa vontade não basta: dela não carecem nossos jovens. É preciso também saber trabalhar; e muitos não sabem, já que (é preciso admitir) não lhes foi ensinado. O Doutor Chavigny quis fazer exatamente isso. Essa é a origem deste opúsculo, preparado, pensado, talvez escrito em nossa biblioteca; trata-se de um manual de trabalho para uso dos trabalhadores; e como trabalhamos, de fato, a vida inteira, ele pode ser útil a qualquer tempo e em qualquer idade.

Cada dia traz, por assim dizer, sua cota de conhecimento, através da leitura, da observação e da reflexão. Nem tudo vale a pena ser guardado, é claro. Mas é inegável que muito desse conhecimento se perde, por descuido ou negligência, por não sabermos utilizá-lo. O desperdício em todas as áreas não deixa de ser uma característica francesa, e por isso somos criticados pelos estrangeiros, não sem motivo. Ora, deveríamos estancar essa dissipação de forças. E o Doutor Chavigny nos ensina o bom uso de nossos conhecimentos, bem como a forma de poupá-los e administrá-los; o que equivale, intelectualmente, à arte de capitalizar e enriquecer-se. Os filósofos bem nos dizem que a memória tudo conserva; é verdade, mas à maneira de um sorvedouro no qual tudo é atirado desordenadamente: nada pode ser localizado. Seria necessário classificar todos os novos conhecimentos à medida que são adquiridos, metodicamente, e ordená-los de forma a que se possa localizar instantaneamente aquilo que se procura.

Os americanos, adeptos da ordem e conhecedores do valor do tempo, recusam-se a desperdiçá-lo ao procurar por algo que exige esforço demasiado para ser encontrado. Um deles, professor, ao percorrer um dia as estantes de uma biblioteca, abria cada livro na última página: "Sem índice", constatava, "obra impossível de ser utilizada". E o fechava sem ler. As regras comprovadas oferecidas pelo Doutor Chavigny ajudam todos a fazer seu próprio índice, um repertório cômodo de todos os conhecimentos adquiridos no dia-a-dia, de forma que seja possível acessá-los à vontade sempre que necessário, sem nenhum grande esforço de memória.

É um grande serviço prestado, primeiramente aos nossos jovens, mas também a todos os estudiosos e àqueles que realizam algo e não podem prescindir de uma documentação extensa e precisa para atuar, seja na indústria, no comércio, nas finanças, e mesmo na política! Como dizia Gambetta[1] de seu amigo Spuller: "Devemos folheá-lo. Esse homem é meu dicionário vivo".

Os filósofos perceberam, no alvorecer dos tempos modernos, a importância de se organizar o trabalho intelectual, e o fato de a memória ser indispensável apesar de suas deficiências. Descartes a considerava um dom precioso, mas que permite que lhe escapem demasiados fatos, por falta de forças para retê-los, *labilis et infirma*; e tinha seus próprios procedimentos para

---

[1] Léon Gambetta foi um líder republicano francês que, durante o cerco a Paris pelos prussianos em 1870, escapou a bordo de um balão, junto a seu amigo Spuller — NT.

remediar essa fraqueza. Antes dele, Bacon já pretendia que a arte viesse em socorro da natureza, no que diz respeito à memória. Inúmeras obras dos séculos XVI e XVII intitulam-se *Ars memoriae*. Depois não se falou mais nela, a não ser para desprezá-la, sem que fosse proposto algo que permitisse dispensá-la.
Nesse sentido, o Doutor Chavigny quis chamar a atenção para uma lacuna grave de nossa pedagogia, na tentativa de preenchê-la. Desejo a seu opúsculo todo o sucesso a que faz jus. E, principalmente, não esqueço o local em que foi criado, nem a época, nem as circunstâncias. Foi na biblioteca da Universidade de Nancy, aberta aos trabalhadores durante a Grande Guerra. E essas páginas foram escritas pelo major-médico, talvez no intervalo entre duas palestras sobre gases asfixiantes, ou quem sabe no regresso de uma diligência nas trincheiras para constatar seus efeitos no campo de batalha, bem como a eficácia das máscaras protetoras; ou mesmo em um desses dias em que o alarme anunciava a aproximação ameaçadora de um Taube com suas bombas freqüentemente mortíferas,[2] e o uivo sinistro das sirenes avisava os habitantes da cidade que o inimigo iria despejar seus obuses de 380.

CHARLES ADAM
Membro do Instituto
Reitor da Universidade de Nancy

---

[2] Modelo de avião alemão da Primeira Guerra — NT.

Introdução

O marceneiro que tentasse ensinar a seu aprendiz como se faz um móvel sem ter lhe ensinado previamente o uso da serra ou da plaina, estaria, sem dúvida, expondo seu aluno a inúmeros dissabores. Seria um professor digno de pena, e não seria surpresa para ninguém se seu aluno não progredisse.

Atualmente, os métodos de ensino se aperfeiçoaram tanto que se tornou possível ensinar no mínimo os rudimentos de qualquer conhecimento ao menos inteligente dos alunos.

Mas, por uma estranha lacuna dos programas educacionais, não se ensina em lugar algum o método do trabalho cerebral, *a técnica prática de toda produção intelectual*.

Nas escolas, colégios, liceus etc., o professor orienta o aluno, mas nunca o inicia nos métodos que posteriormente o tornariam apto para o trabalho pessoal, para adquirir conhecimentos, organizá-los, localizá-los e saber empregá-los no devido momento.

Mas existem métodos de trabalho intelectual, o que é fácil de se constatar por simples reflexão, e sua aplicação é simples se os conhecemos. As vantagens de seu emprego são imensas.

Esta pequena obra dedica-se a demonstrar essas verdades elementares.

Esperemos que cada um encontre nela os princípios do método de trabalho pessoal que melhor convier à sua personalidade, aos seus hábitos e ao direcionamento de sua atividade produtiva.

Capítulo I

A necessidade de um método de trabalho individual — Origens desse método

Às vezes por livre escolha, e mais freqüentemente por mero acaso, fomos levados a uma profissão para a qual talvez tivéssemos alguma predisposição. Os primeiros anos de iniciação técnica do ofício são dedicados a nos instruir e a assimilar o saber daqueles que nos precederam. Em seguida, com o passar dos anos, a vivência nos torna experientes, e chega um momento em que, aptos a pensar por nós mesmos, apreciando e compreendendo melhor nossa profissão, somos levados a fixar por escrito nossas visões pessoais.

Seria interessante que as gerações posteriores seguissem os indícios deixados pelo esforço de seus precursores, mesmo que apenas para retraçar a história dos erros do espírito humano, ou para aprender a evitar as tentativas penosas e os aprendizados infrutíferos.

Quando chega o momento de fazer o balanço de seus conhecimentos, o homem reflexivo percebe rapidamente que, de todo seu passado laborioso, só lhe restam no espírito algumas raras impressões, apenas vagas noções gerais. A instrução recebida na juventude criou uma aptidão geral, nada mais. As leituras mais proveitosas impactaram na ocasião o espírito então atento, as idéias gerais foram assimiladas, mas seria muito difícil encontrar no momento desejado o volume que interessa e, principalmente, localizar em tempo hábil a citação mais adequada, aquela que deve ser utilizada e valorizada.

A memória é um campo de ruínas no qual, aqui e ali, uma espécie de túmulo certamente indica que em tal ou qual sítio encontrava-se outrora um monumento importante, porém cujos detalhes é impossível resgatar; então, desanimado, o homem experiente diz: "Já não é mais tempo de recomeçar toda minha instrução; aprendi muito, li um bocado, é claro que tudo isso não se perdeu completamente, e o estado atual de meu espírito resulta diretamente disso. Mas de toda documentação precisa, sobre tudo que vi, aprendi e li, nada me restou. Que extraordinário benefício seria, que fonte inesgotável de documentos, se eu tivesse conservado algum vestígio escrito, que eu pudesse consultar à vontade, das melhores leituras feitas ao longo de cada semana, ou mesmo de cada mês, bem como das reflexões pessoais suscitadas pelos fatos e pelas leituras!".

Ademais, quando se trata de produzir, de trazer à luz um *trabalho pessoal*, está-se tão imbuído do pensamento alheio através dos tantos e tão bons livros de que dispomos atualmente, que se passa a recear não ser mais capaz de distinguir entre as idéias recebidas, que tiveram penetração e foram assimiladas, e aquelas que resultaram de uma reflexão pessoal.

É freqüente que a descoberta mais imprevista, a idéia mais nova, tenha sido provocada por uma leitura, uma busca de explicação, ou por um incidente absolutamente fortuito. Quando, depois, se procura desenvolvê-la, tornando-se necessário separar o que é devido a quem, vêm a hesitação e a dúvida. Parece que a idéia se tornou pessoal, de tão ruminada que foi, e a história de sua gênese e das circunstâncias que a precederam ficou quase incompreensível, até para aqueles que, com a melhor boa-fé do mundo, não têm ilusões sobre seus próprios méritos.

A NECESSIDADE DE UM MÉTODO DE TRABALHO INDIVIDUAL

Todas essas queixas podem ser traduzidas igualmente pela mesma fórmula: "Como é infiel a memória!". A que logo se acrescenta: "Ah! Se eu soubesse, teria feito anotações sobre isso tudo!".

Não há, por assim dizer, ninguém que, depois de se ter dedicado por anos ao trabalho intelectual, não perceba que, *por falta de um método de trabalho*, os mais meritórios esforços, e mesmo os mais heróicos, resultam insignificantes.

Um grande esforço de memória permite, às vezes, ser bem-sucedido em um concurso, e até mesmo obter títulos cobiçados, e então aqueles que são honestos em relação a si próprios constatam que de todo o esforço restou apenas um título, isto é, quase nada, e que seria muito difícil contribuir para a ciência ou para seus contemporâneos com um trabalho pessoal. Nada os preparou para isso, *faltam os documentos mais indispensáveis.*

O que teria sido necessário para evitar essas queixas tardias? É fácil perceber: o que faltou a todos ou a quase todos foi um método de trabalho intelectual adequado às circunstâncias atuais.

Um *método de trabalho intelectual* inclui, a um só tempo, *preceitos gerais* e *processos de aplicação*.

São os *preceitos* desse método que, em primeiro lugar, permitem a cada indivíduo não dispersar suas forças e restringir seu trabalho à área na qual tem mais probabilidade de ser proveitoso e eficaz. Em seguida, se o método for de fato bom, os *processos de aplicação* levarão a que toda leitura interessante, toda idéia inovadora ou profunda seja anotada e classificada. Na hora certa, torna-se fácil encontrar, sem perda de tempo, a documentação gerada pelo nosso espírito, que será usada em nosso benefício, e mesmo em benefício de terceiros.

Tal método de trabalho já existe atualmente, e não tenho a pretensão de inovar muito ao expor seus detalhes, seu processo de aplicação. Os princípios deste método foram apropriados de diversas profissões e de sistemas variados empregados por bibliógrafos, por historiadores, e mesmo por contabilistas da escola moderna.

Os contabilistas e historiadores empregam o método de fichas, que é o único a permitir indefinidamente o acréscimo de materiais e de informações.

Os bibliógrafos possuem excelentes métodos de classificação, entre outros, o *admirável sistema decimal*, que não precisa provar mais nada.

Basta coordenar esses métodos, aproveitando de cada um o que ele tiver de melhor, para formar um conjunto que merece ser divulgado e tornado acessível a todos, pois a todos pode ser útil.

Então qual é a novidade? A novidade é reunir todas essas noções em uma espécie de doutrina e deixar claro que isso constitui *uma verdadeira ciência do trabalho intelectual*.

Onde situar esta ciência? Infelizmente, trata-se de uma espécie de produto híbrido, sediado nos confins do ensino propriamente dito e da educação, nessa zona limítrofe que provoca o desinteresse de todos: os professores tendem a deixar que as famílias se preocupem com isso, alegando que se trata de *educação*, enquanto as famílias preferem contar com os professores, já que lhes parece ser algo do campo da *instrução*.

Quando se pretende apresentar uma nova ciência ao público, preconizando seu uso, torna-se indispensável dar-lhe um *nome*, que permitirá referir-se a ela sem recorrer a longas perífrases. É comum também que o nome, ao se encontrar arraigado no espírito, crie a idéia, e a evoque por associação psíquica, mnemônica, que se fortalece pela repetição.

A ciência dos métodos de trabalho é uma forma de introdução aos trabalhos do espírito, e merece ter lugar na ciência da educação, lugar que, espero, lhe será concedido futuramente, mas que atualmente ainda é necessário reivindicar.

A fim de não sobrecarregar ainda mais a terminologia científica geral com um novo vocábulo, irei contentar-me em usar um termo que já é empregado em sentido aproximadamente análogo.

A palavra "propedêutica" (πρός, "antes", e παιδεύω, "eu ensino") já foi empregada, especialmente em medicina, para designar o conjunto de noções médicas que o estudante deve dominar antes de abordar o estudo clínico do enfermo.

Bastará um adjetivo para modificar o sentido habitual deste termo; a propedêutica poderia situar-se exatamente no limiar de todas as categorias de estudos superiores. Pode haver uma propedêutica das ciências naturais, uma propedêutica das ciências jurídicas e até mesmo uma propedêutica industrial ou comercial.

Designarei, portanto, como "propedêutica geral" essa ciência dos métodos do trabalho intelectual, pois ela deveria servir como introdução geral e obrigatória aos estudos de todos aqueles que irão enfrentar as ciências superiores, ou mesmo qualquer trabalho pessoal. Mas ela seria útil a todas as disciplinas, pois seus preceitos dominam todas as formas de atividade intelectual, e todas as suas aplicações.

Talvez aqueles que vierem a folhear o presente volume sejam tentados a dizer que se trata de um termo bem ambicioso e bastante erudito para ser aplicado a noções quase banais, que não passam, em resumo, de conselhos de organização, um comentário longo e minucioso para esta fórmula tão simples: *um lugar para cada coisa, e cada coisa em seu lugar*. Certamente, muitos terão a impressão de encontrar idéias familiares, quase indiscutíveis, e que são vagamente percebidas por todos como se fossem inatas.

Mas, então, se era tão simples, tão natural, qual o motivo para que este método não esteja em uso há muito tempo?

Não tenho a menor pretensão de estar apresentando aqui uma idéia inteiramente nova, é simplesmente a adaptação de um método geral a casos específicos.

Na indústria, ordem e método tornaram-se regra de produtividade e de trabalho. É preciso ter visitado algumas indústrias modernas para entender bem os benefícios da ordem. Nessas fábricas, tudo é organizado e metódico. Com apenas um olhar, cada chefe de seção pode saber qual é a produção, e como está a fabricação. A contabilidade de insumos, a de operários e a de escritórios são exatas, facilmente verificáveis a qualquer momento. É em estabelecimentos desse tipo que o fluxo geral é controlado com a precisão necessária para que os objetos manipulados passem, sem interrupção, pelas mãos dos operários que lhes darão acabamento. Nunca ocorrem lacunas, atrasos ou acúmulos.

O próprio método de divisão por setores já foi objeto de pesquisas aprofundadas e proveitosas.[1]

Raros são aqueles que, *trabalhando com o intelecto*, podem gabar-se de ter aplicado a suas ocupações especiais métodos tão perfeitos, e, principalmente, tão produtivos. Alguns, no entanto, à frente de seu tempo, tiveram a intuição desses *sistemas*, de certa forma *industriais, das produções do espírito*. Como, por exemplo, o literato que soube dirigir uma equipe de escritores e de colaboradores científicos. A cada um ele atribuía uma parte da obra geral. E soube imprimir a essa obra heterogênea a unidade que lhe valeu a autoria.

Outro foi um desenhista que fazia seus auxiliares prepararem documentos em número ilimitado, ou que os fazia executar estudos detalhados dos personagens de uma cena cujo conjunto ele traçava. Este também sabia imprimir a marca de seu talento pessoal a essa espécie de mosaico elaborado por seus colaboradores. O público, que ignora o processo, espantava-se, com razão, com a produtividade infinitamente superior à média. O único fator a ser lamentado é a aparente exploração do trabalho dos auxiliares por aquele que assina essas produções coletivas.

Deve-se apenas pensar: "Esses sabiam trabalhar, dominavam um método de produção". Seguir um método representa sempre uma economia de energia, de tempo, e, em suma, uma economia real, pois disso sempre resulta economia de dinheiro. Esse foi o fator mais decisivo para adoção destes novos métodos na indústria.

---

[1] Labby, *Le système Taylor et la physiologie du travail professionnel* [O sistema Taylor e a fisiologia do trabalho profissional]. Masson, 1916; Taylor, *Principes d'organisation scientifique des usines* [Princípios de organização científica das fábricas], prefácio de Le Chatelier. Paris: Dunod et Pinat, 1911.

Capítulo II

Instrução preparatória — Instrução profissional — Instrução pessoal

Este não é o local adequado para tratar, ou mesmo para relembrar, todas as discussões desses últimos anos sobre os objetivos e resultados do ensino primário ou secundário, e sobre suas falhas.

Sob um ponto de vista geral, que é o que nos interessa aqui, deve-se distinguir:

1º. A *instrução preparatória* (ensino primário ou secundário), cujo único objetivo é desenvolver os *pontos comuns a todos os assuntos* (Hanotaux), seja em seus rudimentos (ensino primário), seja em sua forma já mais refinada (ensino secundário);

2º. A *instrução profissional*, dominada pela especialização definitiva do aluno. Ela pode ter início já desde a escola primária, ser ministrada no colégio, e mesmo nas faculdades e escolas superiores. O que a define é principalmente seu propósito utilitário;

3º. A *instrução pessoal*, que o indivíduo é capaz de adquirir por si próprio, quando, entregue a si próprio, concluiu os anos de escola, principalmente das escolas de graus inferiores.

É o conhecimento mais fecundo, e os estudos anteriores deveriam preparar os alunos para adquiri-lo, criar gosto por ele, e dele tirar proveito.

Esse resultado, tão almejado, ainda está longe de ser alcançado, ou mesmo vislumbrado. É principalmente dessa forma de *instrução pessoal* que iremos tratar, se bem que os métodos do trabalho intelectual, da *propedêutica geral*, sejam aplicáveis a todos os graus de ensino ou de instrução.

Depois do ensino primário ou secundário, quando o aluno passa para uma escola profissional, para um estágio de aprendizado ou para alguma faculdade ou escola de ensino superior, ele se vê subitamente em um meio para o qual não foi preparado de forma a ser capaz de tirar o máximo proveito da instrução especial que irá receber.

Até então, tratava-se de uma instrução global, composta por inúmeras noções gerais, que certamente contribuíram para preparar o amadurecimento do espírito, mas, depois, o que irá restar destas noções? Uma vaga lembrança, um tênue verniz, ao passo que a verdadeira educação profissional se inicia em outro patamar.

Ao longo de toda a instrução primária ou secundária, a única tarefa do aluno consistiu em assimilar o mais rapidamente possível as noções que um professor despejava por blocos prontos e ajustados. *Ninguém lhe dizia, tampouco lhe permitia adivinhar, a origem desse saber ou como ele se teria formado.*

Todos os dias, um professor apresenta-lhe o fragmento seguinte dessa ciência, e o aluno o transfere em seguida para seu caderno. Se o mesmo ano letivo incluir diversos professores e diversos cursos, basta que o aluno possua tantos cadernos diferentes quantos são seus professores. Ao final do ano, o curso está completo, coordenado, o aluno conhece de cor o conteúdo dos cadernos, e pode enfrentar sem receio qualquer exame.

Completamente diversa é a vida intelectual daquele que chega ao trabalho ou à faculdade e começa a encarar a vida profissional.

Torna-se ele, então, senhor, em grande parte, do direcionamento de seus estudos; mas como tirar proveito disso? São

numerosíssimos aqueles que correspondem à definição de Lavisse: "O *bachelier*[1] é ignorante, não resta dúvida, mas infelizmente sua falta de aptidão para o estudo é ainda maior".
Temos, então, este aluno entregue a si próprio. De diversos lados, por diferentes mestres, chegam-lhe informações de ordem técnica, por vezes até contraditórias, que terão de ser conferidas, confrontadas, e que, muitas vezes, seriam mais úteis se acessadas mais tarde no momento oportuno, e, além disso, as leituras pessoais contribuem para complementar o ensino. Tudo isso deve ser agrupado, classificado, assimilado, trata-se do início do verdadeiro trabalho pessoal.
Esse trabalho pessoal é o mais importante de todos: "O que aprendemos por nós mesmos", diz Lubbock, "é mais essencialmente parte de nós do que aquilo que nos é ensinado pelos outros".[2]
Porém, nada, em seus anos de escola anteriores, preparou o aluno para saber empregar os recursos que tem à sua disposição e coordenar cuidadosamente, de forma proveitosa, as inúmeras fontes de informação de que irá dispor.
Pode-se afirmar francamente, lamentando o fato, que em nosso sistema de ensino jamais houve previsão de algum tipo de preparo para o ensino superior ou profissional. Não que essa necessidade não tenha sido percebida, mas provavelmente porque nunca ninguém soube como fazê-lo.
Portanto, chegamos atualmente ao ponto em que, em todas as especialidades, aperfeiçoou-se a técnica, com leis estabelecidas, precisas e produtivas. Somente os ofícios do espírito parecem ter escapado a esta lei inelutável do aperfeiçoamento e da especialização. Sem método de trabalho, sem a noção precisa do objetivo a ser atingido, os estudantes de nossas faculdades

---

1 *Bachelier*, aluno que se prepara para as provas do *baccalauréat*, exame prestado na conclusão do ensino secundário e que habilita ao ensino superior na França — NT.
2 Lubbock, *Emploi de la vie* [Emprego da vida], 2ª edição, 1897, p. 3. Ver também Lavisse, *Questions d'enseignement national* [Questões do ensino nacional], 1883, p. 126. Alocução dirigida aos estudantes da Faculdade de Letras de Paris.

direcionam seus esforços aleatoriamente, sem que ninguém pense em ensinar-lhes os métodos de trabalho aos quais deveriam ater-se para tirar o máximo proveito do ensino recebido.

Então, como os estudantes de todos os níveis adaptam-se às necessidades do momento? A maioria deles permanece como primários no ensino superior; obedientemente continuam a decorar a aula dos professores, e também os manuais do momento. Sem dúvida terão sucesso nas provas, e provavelmente nos concursos, mas, tendo sido sempre apenas alunos obedientes, se tornarão posteriormente incapazes de qualquer estudo científico pessoal.

O mais lamentável é que, mal preparados desde o início, muitos dos alunos do ensino superior permanecerão, ao longo de suas vidas, como desorientados da ciência; serão fatalmente pessoas improdutivas, quaisquer que sejam suas outras qualidades.

Assim, quantas vezes não pudemos ouvir seus lamentos, quantos trabalhadores intelectuais não cessam de repetir a mesma queixa: "Ah, se tivesse sabido aproveitar melhor meu tempo, e tudo que me passou pelas mãos!".

Todos os que se queixam desta forma são aqueles que não souberam criar um método de trabalho próprio. Por mais inteligentes que sejam, por melhor que seja sua memória, serão sempre pessoas desorganizadas.

Alguns acharão uma boa idéia vangloriar-se disso: declararão com veemência que o método e a ordem meticulosa pertencem aos espíritos inferiores, ao passo que o talento e o gênio costumam ser boêmios.

Totalmente errado: já foi dito que *o gênio é uma longa paciência*, bem como *resultado de um método de trabalho perfeito e de organização intelectual*.

Ao se visitar o ateliê dos mestres da pintura ou da escultura modernos, constata-se que não há nele o pardieiro que constitui a única prova de talento de certos aprendizes de cabelos longos. Igualmente, literatos de renome, e dos mais fecundos, não se vêem na obrigação de procurar ao acaso seus documentos no meio de um montouro de papéis que atravancam as cadeiras e o chão.

INSTRUÇÃO PREPARATÓRIA

Procurem visitar os laboratórios de pesquisa dos mestres da química ou da bacteriologia. A ordem reinante é o indicador e a medida de sua produtividade científica. O estudante recém--chegado irá considerar natural ser iniciado à técnica especial do laboratório, e obrigado à ordem e ao método da pesquisa científica.

Por que, então, espantar-se pelo fato de haver métodos técnicos para o trabalho intelectual, e de que este deva ser dominado pela ordem, e mesmo por uma ordem específica?

No entanto, o mesmo estudante que concorda em obrigar-se ao aprendizado minucioso do trabalho de laboratório durante semanas ou meses acha perfeitamente natural, ao retornar à casa e sentar-se à sua mesa de trabalho, empregar ferramentas e materiais cuja técnica jamais lhe foi ensinada. Raros são os espíritos que perceberão por si sós essa *flagrante contradição*, essa *antítese*.

Se a ordem é necessária, não deve, no entanto, salientar-se a ponto de tornar-se a única preocupação do trabalhador do espírito. *A ordem pode tornar-se uma fraqueza* se vier a prevalecer sobre todas as faculdades do espírito e a anulá-las. Certos colecionadores chegam mesmo a deixar-se dominar inteiramente por essa mania de ordem, sendo todas as suas faculdades absorvidas pela preocupação com a arrumação e com a classificação de seus documentos. Esses documentos certamente estarão prontos para ser usados, e, no entanto, permanecerão inúteis. Essa fraqueza, esse excesso de ordem é um obstáculo a ser evitado, mas de forma alguma um argumento contra a necessidade de ordem.

O método e a ordem que recomendo, e dos quais louvo as vantagens, *destinam-se a facilitar a tarefa do trabalhador intelectual; não se trata de um fim, e sim de um meio*, porém um meio indispensável.

Esse tipo de preocupação é perfeitamente cabível em uma época em que se começa a perceber que os preceitos familiares e tradicionais de economia doméstica[3] ou de cozinha estão bem longe de corresponder às necessidades atuais.

---

3 Bergeret, *L'ordre à la maison* [A ordem no lar]. Paris: Mendel, 1890.

As escolas de economia doméstica, escolas de culinária etc. são excelentes instituições que prestam serviços relevantes às pessoas que têm o discernimento de recorrer a elas.

A *propedêutica geral* e o ensino dos métodos dos ofícios intelectuais ainda estão por ser criados; e são tão necessários[4] quanto estes outros tipos de ensino prático.

---

4 Guyot-Daubes, *L'Art de classer les notes* [A arte de classificar as anotações]. Paris: Guyot, 1890.

Capítulo III

A individualidade intelectual —
Seu desenvolvimento — Papel da memória

Não tem sentido retomar aqui esta discussão que sempre surge, aliás, sem grandes resultados práticos: como pode o ensino, transmitido durante muitos anos por professores quase sempre muito competentes a alunos muitas vezes bem dotados, produzir na maior parte dos casos resultados minimamente acima do medíocre?

"Na vida", diz Gustave Le Bon,

> [...] as qualidades da personalidade têm um papel preponderante. A iniciativa, o julgamento, a perseverança, a precisão, a energia, o domínio de si próprio, o sentimento do dever são aptidões sem as quais todos os dons da inteligência permanecem inúteis. Somente a educação pode ensiná-las um pouco, quando não foram transmitidas pela hereditariedade.

E acrescenta: "Essas qualidades não somente não são proporcionadas pela universidade, mas são subtraídas pelo seu regime opressivo àqueles que as possuem. Portanto, seu sistema deverá ser inteiramente reformulado".[1] Esse julgamento sobre a universidade é severo, mas tem a visão justa de um objetivo a ser atingido.

Lubbock parece ter estudado o problema com menos perspicácia ao dizer: "É provável que seja uma conseqüência dos defeitos de nossa educação (cultura intensiva da forma literária antiga sem preocupação com as idéias) que tão poucas pessoas desejem prosseguir em seus estudos ao sair da escola".[2]

Para limitar a discussão a constatações precisas e incontestáveis, pode-se dizer, sobretudo, que a educação dada às crianças não se inspira em nenhuma das necessidades que lhes serão impostas pela vida; mais especificamente, a instrução que lhes é dada não considera o seu uso na prática. A impressão que se tem é de que a instrução primária só tem em vista formar professores primários, e o ensino secundário se dirige a formar professores secundários. São fileiras que só visam à continuidade, à autoperpetuação. Qualquer outra carreira constitui um acidente, um imprevisto.

Com certeza, a vida exige qualidades práticas das quais a educação habitual não preparou o desenvolvimento.

Evitemos perder-nos nestas considerações, e retornemos ao nosso tema específico. No que nos diz respeito aqui, o objetivo da vida consiste no desenvolvimento da individualidade intelectual de cada um, e, sem negar de forma alguma a questão do valor moral, complemento indispensável às qualidades viris necessárias, diremos apenas que *o objetivo prático da vida inclui a plena expansão de um valor profissional.*

Em cada profissão, atualmente, o valor do indivíduo é medido por uma especialização bem precisa, pois possuir um saber enciclopédico ultrapassa hoje em dia os limites da mais vasta e vivaz inteligência.

Em qualquer especialidade, um indivíduo da elite capaz das mais notáveis criações só alcançará a plenitude de seu valor

---

[1] Gustave Le Bon, *Psychologie de l'éducation* [Psicologia da educação], passagem citada em *Enseignements psychologiques de la guerre européenne* [Ensinamentos psicológicos da guerra na Europa], p. 352.
[2] Lubbock, *Emploi de vie* [Emprego da vida], 2ª edição, 1897, p. 75.

produtivo se suas faculdades espontâneas tiverem por base, como ponto de partida, uma documentação tão completa quanto possível.

Segundo os métodos consagrados na universidade, toda documentação se baseia exclusivamente na memória. Durante os estudos, a memória desempenha de fato um papel preponderante, mas, e na vida, será igual? Qual é o valor prático da memória? Pode-se contar com ela para garantir uma vida de sucesso?

A memória, decerto, tem papel preponderante e quase exclusivo no início de quase todas as profissões, no período em que são os exames que determinam o acesso às diversas carreiras; da mesma forma, a memória permanece sendo a faculdade mestra a decidir a maioria dos concursos, mesmo os mais difíceis, e, apesar das críticas agressivas destinadas a desconsiderar esses exames e concursos, é preciso admitir que ainda não foi possível aperfeiçoá-los, e muito menos substituí-los.

Seus adversários mais veementes não têm idéia de como transformá-los, ou então as modificações por eles propostas têm como único resultado sobrecarregar os programas, em conseqüência aumentando proporcionalmente a parte reservada à pura memorização.[3]

Uma vez vencida a fase dos exames e concursos, qual será o verdadeiro papel da memória na vida? Em nossa opinião, não há dúvida nesse caso: o papel da memória passa a ser secundário; ela deve fornecer ao espírito documentos que serão empregados após reflexão, *sendo o julgamento, então, a qualidade mestra* que confronta os dados diretos da experiência, da vida, que recorre às lembranças, simples elementos de comparação, e sobre todos esses dados elabora uma decisão que, devidamente maturada, constituirá o mais legítimo ponto de partida da ação.

O indivíduo de elite, então, é aquele cujo juízo é claro e reto, aquele que toma decisões levando em conta os dados mais relevantes; é *o espírito criterioso* por excelência. Não apenas o

---

3 A esse respeito, é muito curioso ler, nas obras tão interessantes de Lavisse, sobre os esforços empreendidos para evitar que a licenciatura em história não passe de um exercício de memória.

papel da memória torna-se mais restrito, mas pode-se até mesmo afirmar, sem temer o paradoxo, que a memória pode ser nociva. Uma memória vívida em excesso, sempre apta a fornecer ao espírito informações de *déjà vu*, pode provocar a preguiça natural, a tendência a evitar o esforço de julgar os fatos. De fato, não é raro encontrar indivíduos que, dotados de excelente e notável memória, são medíocres em assuntos ligados à ciência ou a temas práticos. Sem desejá-lo, e sem nem mesmo atentar para o fato, tomam todas as suas decisões não em função dos fatos ou das condições que se apresentam, mas de um procedimento observado anteriormente em outra situação análoga, imediatamente evocada pela memória. Por esse motivo, pode-se realmente dizer que *a memória pode ser enganadora*, e que o excesso de memória é nocivo ao desenvolvimento das qualidades intelectuais superiores.

Capítulo IV

Adquirir — Acumular

A memória, portanto, não pode ser a fonte única de toda documentação; ela não estaria à altura da tarefa, ou então haveria o risco de lhe ser reservada uma posição por demais preponderante em nossa vida cerebral.

A memória deve obrigatoriamente ter sua tarefa aliviada e complementada por uma coleção de anotações de fácil acesso no momento desejado.

Schopenhauer disse que os livros eram *a memória de papel da humanidade*. São a memória coletiva, o fundo inesgotável, mas cabe a cada um amealhar seu tesouro individual, "sua memória de papel pessoal".

Aquele que for capaz de acumular em suas anotações todas as lembranças interessantes extraídas de suas leituras, bem como de todas as circunstâncias de sua vida, logo irá dispor de um riquíssimo material. Quando se quer formar um tesouro inestimável, é preciso saber tirar proveito de todas as ocasiões.

É claro que não se deve incorrer no excesso, anotando indistintamente tudo aquilo que se observa, pois isso iria provocar uma profusão de anotações que rapidamente se tornariam inúteis, mas é indispensável anotar, ao menos de forma sumária, tudo aquilo que se relaciona ao modo principal de nossa atividade intelectual, de nossa vida profissional. Alguma idéia que, em determinado momento, poderia parecer insignificante pode tornar-se mais tarde, se reencontrada oportunamente, ponto de partida de reflexões interessantes, e por vezes até mesmo de reais descobertas.

Quando se deseja, em determinado domínio das ciências humanas, aperfeiçoar-se, tornar-se uma pessoa marcante ou pelo menos útil pelo seu conhecimento (e isso é o mínimo de ambição a que todo homem deveria se obrigar), é preciso que o espírito esteja sempre alerta, primeiro conscientemente, e logo subconscientemente, observando e armazenando todos os fatos e idéias aproveitáveis.

Quando o espírito se encontra assim desperto, tudo se transforma em oportunidade de aprendizado: conversas, viagens, visitas, leituras, mesmo a mais insignificante. De qualquer lado podem surgir sem aviso, diretamente ou por associação, idéias fecundas.

Para estar apto a captá-las, é preciso: saber escutar; saber ler; saber ver; saber refletir; saber documentar-se.

SABER ESCUTAR

Em todas as línguas existe um provérbio que diz que ouvir é mais importante que falar. Saber escutar uma conversa não significa, necessariamente, tornar-se dela uma testemunha muda, pois saber dela tirar proveito significa também fazê-la surgir no momento oportuno, suscitá-la, orientá-la. De fato, o segredo das pessoas cuja conversa é interessante consiste muitas vezes em deixar cada um falar sobre aquilo que conhece, sobre seus interesses e suas realizações.

Na presença de uma pessoa inteligente, que pode ter visto ou tomado conhecimento de algo, deve-se, sempre que possível, dirigir a interlocução a esses assuntos; assim, de simples ouvinte passa-se a ser beneficiário da experiência de outrem. Essa forma de agir é proveitosa para todos. A dona de casa capaz de manter a conversa em seu lar nesse nível granjeia a fama de ser pessoa agradável, e todos encontram prazer em escutar quando cada um tem sua oportunidade de brilhar e contribuir com sua parte de elementos interessantes. Conversas desse tipo sempre deixam atrás de si um remanescente favorável, e muitas vezes será o caso, ao retornar para casa, de anotar alguma idéia ou informação que poderá ser empregada posteriormente.

É necessário também saber *ouvir uma aula*. Estar em aula não é de forma alguma, como crêem muitos alunos, a tarefa passiva à qual se entregam em estado de semi-sonolência. Essa atitude de passividade é facilmente reconhecível ao examinar-se as anotações dos alunos. *Ouvir uma aula de forma proveitosa significa reconstituir o seu plano*, captar as idéias que a dirigem, relacionar os diversos conceitos entre si e de certa forma *reconstituir a perspectiva da questão*.

Fazer anotações torna-se, sem muito esforço, tarefa quase automática, quando se trata de um curso doutrinal contínuo desenvolvido ao longo de vários semestres.

Contrariamente, é muito mais difícil anotar as informações de ordem profissional que surgem no dia-a-dia ao acaso das tarefas, das quais o ensino clínico à cabeceira dos pacientes é o melhor exemplo.

Um professor da Sorbonne, que iniciou tardiamente seus estudos de medicina, confessava que levou tempo para compreender de que forma todos esses fragmentos de informação captados no leito dos doentes poderiam reunir-se para constituir, no espírito dos alunos, um corpo de doutrinas utilizáveis e proveitosas.

No entanto, estas informações de ordem verdadeiramente profissional são as que têm maior necessidade de ser anotadas, porém anotadas de forma inteligente, incorporando-as ao próprio espírito, e anotando-se também a orientação psíquica daquele que as originou. Deixa, então, de ser apenas uma anotação, tornando-se uma apreciação.

Que tesouros poderia amealhar aquele que fosse capaz de reunir todas as anotações profissionais acumuladas dessa forma, por exemplo, todos os documentos clínicos dos pacientes que lhe tivessem sido mostrados durante seus estudos!

Mais adiante, iremos demonstrar de que forma classificar esses documentos, e como localizá-los. Por enquanto, iremos apenas insistir na variedade de formas de obtê-los.

Saber ouvir é também, por exemplo, dentro de outra ordem de idéias, saber acompanhar o que é exposto a respeito de um assunto qualquer. O industrial ou o comerciante que sabe escutar o cliente que veio fazer um grande pedido terá muito mais chances de satisfazê-lo do que o concorrente tagarela, e isso é um fator de sucesso.

SABER LER

Saber escutar é um dom precioso; traduz-se na prática por anotações que serão lembradas, classificadas e colecionadas. Saber ler é uma qualidade talvez mais desejável ainda, e talvez também mais rara. *De fato, a instrução dos adultos dá-se principalmente pela leitura.* Quem não sabe ler e não sabe tirar proveito de suas leituras não tem possibilidade de evoluir, e ao longo da vida irá adquirir pouco ou nenhum conhecimento.

Saber ler é, antes de tudo, *saber direcionar a escolha de suas leituras.*

É claro que a posição de destaque deve ser entregue a obras de instrução específica que correspondam a nossa *orientação profissional,* mas não se deve por isso desprezar as leituras de *instrução geral* que nos mantêm informados sobre a evolução da ciência em geral, sobretudo da ciência relacionada ao conhecimento que nos interessa especificamente.

Há uma forma prática de avaliar um livro à primeira vista, principalmente quando, por força da profissão, se é obrigado a ler muito, e a ler rapidamente. Todo livro tem suas características, e pode ser avaliado pelo título, pelo prefácio, mas, sobretudo, pelo seu índice, e percorrer rapidamente um livro para saber se vale a pena ser lido é um procedimento mecânico que vale a pena adquirir.

É claro que esta forma de investigação sumária é aplicável a obras científicas, históricas ou de filosofia, e não a obras de pura literatura.

Saber ler também é saber fazer anotações durante a leitura. Para o cérebro, é um excelente exercício obrigar-se a resumir em uma breve anotação as obras lidas. Desta forma fica-se obrigado a formular em termos exatos um julgamento refletido e conciso que proporcionará à memória mais precisão dentro da lembrança global retida. Esta anotação de apreciação geral, aliás, não impede que se anote à parte as informações técnicas que se deseje localizar mais tarde.

Qualquer um que saiba fazer anotações depois de uma leitura poderá dispensar métodos que já chegaram a ser recomendados, mas que constituem verdadeiros crimes aos olhos de quem ama os livros.

Recortar de um livro as partes interessantes é uma mutilação que torna a obra quase inutilizável, tanto para si próprio quanto para terceiros. É uma forma de desordem e de preguiça. Raro é que o recorte subtraído contenha todos os documentos de que se necessita, e, quando for necessário recorrer ao texto original, será impossível restabelecer a continuidade da obra cujos folhetos foram dispersos.

Alguns grandes espíritos chegaram a empregar esse sistema, que, no entanto, deve ser vigorosamente proscrito. Trata-se de uma atitude lamentável.

Outro procedimento daninho é o que consiste em *sublinhar as passagens interessantes* dos livros que se percorre. É mais um método para tornar ilegível para outrem o livro assim desfigurado. No máximo se pode tolerar este método quando se trata de jovens alunos que têm de fixar na memória os fatos mais relevantes, e que, desta forma, auxiliam seu trabalho de assimilação chamando a atenção do olhar para as palavras sublinhadas.

Já faz anos que os editores tornaram este sistema inútil ao aperfeiçoarem a composição tipográfica dos livros didáticos. A variedade de caracteres tipográficos, a abundância de títulos, subtítulos, divisões e a presença de títulos à margem evitam que os escolares tenham de sublinhar os livros que lhes são entregues.

O trabalho, aliás, fica melhor do que feito por eles, pois corresponde ao pensamento do autor.

SABER VER

À primeira vista, esta parece ser uma das qualidades mais banais; infelizmente, não é o que ocorre, e a quantidade de espíritos observadores é, na realidade, das mais restritas. É uma educação da inteligência que deve ser iniciada desde cedo, e com certeza muitas pessoas passam pela vida sem terem aprendido a observar seus arredores.

Ver, no sentido aqui empregado, é obra tanto de acuidade intelectual quanto de acuidade visual. É procurar tomar consciência daquilo que está sendo visto, de suas razões de ser, de suas relações com suas causas etc. Newton *soube ver* quando a maçã caiu à sua frente. Inúmeros foram os que assistiram a esse fato aparentemente insignificante e que não *souberam ver*, isto é, observar, compreender, interpretar.

Aquele que sabe ver torna-se rapidamente superior na profissão àqueles que o rodeiam. Será ele o único a descobrir fatos que haviam passado despercebidos, e que deles tirará partido para sua instrução, quem sabe para uma descoberta. Aquele que sabe ver e que se torna rapidamente um pesquisador, um inovador, deve sempre anotar sucintamente os fatos que vierem a atrair particularmente sua atenção.

Saber ver é valioso para quem percorre um museu, uma cidade, uma fábrica. Aquele que sabe ver tirará sempre proveito de uma visita dessas, aprendendo e no mínimo adquirindo impressões interessantes, vivazes e duráveis.

Se soubéssemos "ver", seria necessário ir tão longe para satisfazer uma curiosidade inquieta, sempre insaciada? Os franceses terminariam por descobrir a França, suas curiosidades, suas belezas, se soubessem viajar, olhar, "ver", enfim.

Quem não sabe ver merece mesmo ser guiado por uma agência de turismo, e no seu regresso estará reduzido a recitar algumas páginas de *Baedeker*,[1] esse estrangeiro que soube bem demais olhar a França.

Um literato ou um artista somente tiram proveito daquilo que souberam "ver".

---

1 Guia turístico de bolso, criado pelo alemão Karl Baedeker em 1828 — NT.

SABER REFLETIR

Saber refletir, no sentido em que o termo é aqui empregado, é simplesmente a qualidade de espírito daqueles que sabem tirar proveito de suas próprias reflexões à medida que estas se manifestam; é saber escolher, entre as múltiplas idéias suscitadas pelas circunstâncias da vida quotidiana, aquelas que merecem ser memorizadas e anotadas. *A maior parte das grandes descobertas é resultado da coincidência, de um confronto ocorrido oportunamente, entre dois fatos ou duas idéias*, ambos geralmente de domínio público.

Os grandes inventores têm o mérito, em geral, de terem intuído uma relação, até então insuspeitada, entre noções quase banais à época em que viveram. Por isso é necessário anotar a idéia que passa pela nossa mente, pois posteriormente ela pode vir a ser a origem de um trabalho interessante.

Muitas pessoas já repararam que associações de idéias bastante imprevistas e por vezes muito frutíferas surgem naturalmente durante o período de semi-sono que, de manhã, precede o despertar. É como se o espírito tivesse continuado a trabalhar automaticamente sobre os dados dos dias precedentes, e muitas vezes nos admiramos ao ver surgir a solução muito simples de um problema que parecia sem solução na véspera. Outras vezes, é por ocasião de uma insônia breve, durante o sono da noite, que somos assim surpreendidos. Se não forem aproveitados esses poucos minutos de lucidez para fixar a idéia, anotando-a, pode-se depois lamentar quando, feita a toalete matinal e iniciado o labor diário, a idéia tão acertada que surgira em um breve lampejo for esquecida. Aqueles que são sujeitos a esse tipo de meditação intelectual noturna fariam bem em ter ao alcance da mão, junto ao leito, um bloco de anotações e um lápis. Uma palavra, um sinal, mesmo traçados no escuro sem interromper o repouso noturno, são suficientes para fixar a lembrança e recuperá-la na manhã seguinte com toda precisão.

SABER DOCUMENTAR-SE

Saber documentar-se é uma arte, uma arte complexa, pois implica saber lidar com bibliotecas.

Em primeiro lugar, é preciso saber localizar as bibliotecas; não há, por assim dizer, cidade tão pequena a ponto de não possuir diversas. Em Paris, onde 85 delas são públicas, existem também bibliotecas municipais de bairro, bibliotecas particulares etc., ou seja, um total de 306 bibliotecas.[2] Muitas das particulares podem ser especialmente fornidas de assuntos específicos. Encontra-se a lista das bibliotecas públicas nos anuários, na lista telefônica, nos guias. Escolhida a biblioteca, deve-se buscar informação sobre seu regulamento, eventual autorização de acesso, e, em seguida, o mais rapidamente possível, entender como recorrer ao bibliotecário para utilizar-se dos livros sob sua guarda.

É necessário saber que a primeira atitude do bibliotecário nem sempre é receptiva a um novo leitor, que naturalmente parece um pouco deslocado, já que não está familiarizado com os costumes; são necessários às vezes vários dias e uma certa assiduidade, antes de ser aceito como freqüentador habitual.

Cada biblioteca tem um método próprio de classificação para seu catálogo, que deve ser rapidamente assimilado. Seria interessante que houvesse instruções indicando o modo de funcionamento do serviço e os hábitos locais.

De forma geral, a maioria das bibliotecas tem dois catálogos, sendo um sistemático por assuntos, e o outro alfabético por nome de autor. Hoje em dia são raros os estabelecimentos fiéis ao velho sistema de catálogo na forma de livros de registro, já que estes têm o inconveniente de não aceitarem o acréscimo progressivo de folhetos necessários em cada capítulo. Fica-se, então, obrigado a abrir periodicamente novos livros de registro anexos com múltiplas remissões. Trata-se do mais deplorável dos sistemas.

---

[2] Eugène Morel, *La librairie publique* [A biblioteca pública]. Paris: A. Colin, 1910, p. 118.

Felizmente, esse sistema absolutamente arcaico de livros de registro só ocorre excepcionalmente, e em quase todos os lugares os catálogos sistemático e alfabético são feitos por fichas. Por isso se mantêm sempre completos e fáceis de consultar.

Ao chegar à biblioteca sem noção alguma de quais livros se referem à questão sobre a qual se busca informação, deve-se imediatamente procurar no catálogo sistemático ou em algum dicionário enciclopédico a indicação do livro mais recente publicado sobre o tema.

De fato, quando se está compondo um trabalho, a bibliografia é apresentada obrigatoriamente em sua ordem natural, descendente, de forma a traçar, através dos anos, uma exposição metódica das modificações sucessivas da questão, da idéia. Inversamente, as pesquisas bibliográficas devem ser feitas na ordem exatamente oposta: de imediato procura-se a obra mais recente, anota-se as fontes bibliográficas nela mencionadas para então conferi-las, lê-se as obras citadas, progressivamente em uma bibliografia completa. Tradução prática: *pesquisas bibliográficas são feitas de forma ascendente.*

Uma excelente forma de pesquisa bibliográfica consiste em primeiramente consultar as obras gerais, em seguida as publicações periódicas, as revistas bibliográficas, os jornais e as teses.

As publicações periódicas, que existem especializadas em todos os assuntos, são sempre obrigadas a apresentar a seus leitores uma atualização moderna sobre as principais questões, com a indicação dos autores que trataram de cada assunto. Portanto, é bom habituar-se, desde logo, a saber pesquisar nos índices anuais das publicações periódicas. Não é coisa fácil se não se conhece de antemão as dificuldades inerentes a esse tipo de pesquisa, já que o dispositivo de índices periódicos é, efetivamente, muito variado. Em alguns casos, a brochura reúne todos os números de um ano, e ao final do volume encontram-se os índices gerais sistemáticos e alfabéticos. Mas, em muitos outros casos, a unidade de publicação é o semestre, e até mesmo o trimestre, mesmo que a brochura reúna todos os números do ano.

Então, no mesmo tomo há dois ou quatro índices e até mais: os índices do primeiro semestre encontram-se no início do volume, às vezes no meio, ou então todos os índices estão reunidos no final do livro em seqüência. Pode acontecer facilmente que se acredite ter consultado o índice geral do ano, quando na verdade foi consultado apenas um desses diversos índices. Em outras vezes, o índice dos trabalhos originais é diferente do índice das análises; e finalmente, determinado jornal, que por muitos anos publicou um índice global anual, resolve subitamente modificar seu sistema, adotando os índices semestrais.

O pesquisador que, na série de volumes de um jornal, começa por tentar entender a tessitura da publicação, continua até a conclusão da pesquisa, sem perceber, seguindo o mesmo procedimento do início, sem desconfiar que na verdade a partir de um determinado ano ele consultou apenas o índice do segundo semestre, ou mesmo de um trimestre.

Aqui, novamente, cabe um conselho prático: que os pesquisadores se empenhem em começar a bibliografia dos índices de jornais pelos últimos anos publicados. É quase sempre nos anos mais recentes que os índices chegam ao máximo de complexidade: retomando o curso dos anos no sentido inverso, inevitavelmente se verá o momento em que se produziu a separação dos índices, e haverá menos risco de se passar ao largo de fontes que poderiam ser interessantes.

As revistas bibliográficas são numerosas em todas as especialidades: naturalmente, tais publicações não podem pretender fazer o registro do imenso número de trabalhos publicados sem adotar uma rigorosa classificação. Mas, infelizmente, cada revista é de um tipo, e saber consultar cada uma delas já constitui um estudo prévio.

O estudo das principais fontes bibliográficas se adensa rapidamente, e logo se torna inextricável para quem não tiver sido bem orientado em seu uso desde o início.

Pode-se lembrar, por exemplo, que no início do século passado o bibliógrafo Achard, com a intenção de oferecer aos alunos um *Manual de bibliografia*, escreveu três grossos volumes com esse título (1806 –1807).

Na grande enciclopédia, a rubrica "medicina" da *Bibliografia das bibliografias* inclui a menção a 129 obras de bibliografia médica.

A tese de Hahn (Paris, 1896-1897) deu o catálogo detalhado completo de todos os repertórios de bibliografia médica da época. Desde então, estes se multiplicaram ainda mais. Como ponto de partida das pesquisas de bibliografia geral, pode-se com proveito recorrer à obra de H. Stein.[3] As diversas categorias de fontes encontram-se nela bem classificadas, mas a obra já envelheceu um pouco.

O Professor Gavet, em *Sources de l'histoire des institutions et du droit français (Manuel de bibliographie historique)*,[4] forneceu bons documentos, corretamente apresentados.

É aconselhável, principalmente em meio a essa maré crescente que se arrisca a submergir o pesquisador novato, que no início ele seja orientado por alguém experiente e generoso que rapidamente dará ao iniciante uma orientação precisa e um método útil, que poderá variar de acordo com o meio no qual se evolui.

Para começar, é quase preferível exercitar-se em uma biblioteca que não seja grande demais. O risco de se perder é grande se o aprendizado se dá em uma biblioteca maior.

Aliás, apesar de a bibliografia ser necessária, é preciso saber escolher e não acreditar que uma bibliografia completa substitui todo o esforço de criação.

Efetivamente, chega-se bem depressa a partilhar, ao menos em certa medida, a opinião de Langlois, que dizia: "Os repertórios e catálogos, principalmente publicados nos Estados Unidos e Alemanha, são tão numerosos e os artigos e trabalhos citados costumam ser tão medíocres, que é melhor ignorá-los do que perder com sua leitura o tempo que seria mais bem empregado produzindo".

Em todo domínio particular das ciências, por menos que se saiba pesquisar, irá se encontrar publicações equivalentes a essas que acabam de ser citadas aqui.

---

3 H. Stein, *Manuel de bibliographie générale* [Manual de bibliografia geral]. Paris: A. Picard, 1897.
4 Gaston Joseph Antoine Gavet, *Sources de l'histoire des institutions et du droit français (Manuel de bibliographie historique)* [Fontes de história das instituições e do direito francês (Manual de bibliografia histórica)]. Paris: Larose, 1889.

Todas as ciências que implicam apresentação anual, nas faculdades, de teses de doutorado, fornecem por isso mesmo uma fonte preciosa de informações bibliográficas.

Uma tese dificilmente constitui, principalmente em medicina, um documento definitivo, mesmo sendo um trabalho de valor, mas é sempre um trabalho de atualização, de revisão de algum tema, e fatalmente nela encontraremos os resultados e indicações de pesquisas bibliográficas. Deve-se servir deles, com a condição de conferir essas informações, pois é comum que tenham sido copiadas de outros, que por sua vez já as haviam copiado de alguém; os erros de indexação perpetuam-se e até mesmo multiplicam-se.

A cada cinco anos é publicado um catálogo geral com índices analíticos dos temas das teses publicadas em todas as faculdades francesas. Esse catálogo, cuja existência costuma ser ignorada, é uma fonte extremamente rica de documentação. É dotado de um índice por nome de autor, e principalmente de um índice sistemático muito bem elaborado.

CONGRESSOS

Os congressos estão na moda; sua popularidade talvez seja resultado de algumas considerações secundárias das quais é fácil fazer troça. No entanto, os congressos têm sua utilidade, oferecendo periodicamente, em todas as matérias, uma atualização dos temas do momento. Os relatores, escolhidos entre as personalidades mais bem documentadas, produzem atas e revisões gerais, trabalhos que, mesmo não sendo sempre de grande originalidade, têm ao menos o mérito de constituir uma análise muito bem-feita e muito completa de uma questão, de suas dificuldades e das soluções pertinentes. Por isso, quando se pesquisa nas bibliotecas, não se deve nunca deixar de consultar *as atas dos congressos*.

Com essas poucas explicações, pode-se facilmente entender que as pesquisas bibliográficas constituem de fato uma arte que encerra regras e segredos. Não se pode esperar que a perfeição venha de imediato, qualquer que seja o ramo de atividade, mas um pouco de perseverança e de método nas pesquisas irão garantir um resultado proveitoso. Até as pesquisas bibliográficas podem revelar-se interessantes por si próprias: quando se é calejado em seus métodos, inúmeros achados vêm contemplar o trabalho do pesquisador, que em pouco tempo estará a par de todas as descobertas recentes e importantes. Evita-se, assim, inventar conceitos que já são praticamente de domínio público; às vezes pode-se ter a satisfação de exumar idéias de um autor do passado que por terem sido esquecidas parecerão recentes; ou mesmo idéias que propiciam deduções novas e práticas, por terem as ciências progredido desde que foram formuladas. Por vezes um autor antigo, porém inexplorado, terá tido um olhar cujo acerto só será reconhecido posteriormente; muitas vezes, nem seus contemporâneos nem ele próprio haviam vislumbrado seu alcance. Esse tipo de descoberta faz a alegria dos pesquisadores nas bibliotecas.

Capítulo V

Técnica das anotações — Inscrevê-las — Classificá-las

Até aqui, indicamos as múltiplas ocasiões em que era necessário, útil ou proveitoso fazer anotações; mas como devem ser tomadas essas anotações e, principalmente: de que forma classificá-las?

FAZER ANOTAÇÕES

Antigamente, era considerado satisfatório escrever, uma atrás da outra, as anotações mais díspares, as receitas mais variadas, em um caderno ao qual se dava o título de "Caderno de anotações e receitas". Era uma sucessão incoerente das mais diversas noções, que podiam ir de receitas de cozinha a pensamentos literários, passando por noções de medicina doméstica, e muitas famílias ainda guardam este tipo de registro.

A única dificuldade era, em meio a essa miscelânea de informações variadas e por vezes contraditórias, localizar em tempo hábil aquela que se procurava. Esse sistema absolutamente arcaico vem pouco a pouco cedendo lugar, de alguns anos para cá, a um método que lhe é infinitamente superior, e que deveria ser estendido a todas as situações, sem exceção. É claro que esse novo método, que vem de encontro a antigos preconceitos e hábitos adquiridos, encontra resistência para ser implantado. No entanto, é indispensável que todos os trabalhadores do espírito se familiarizem, desde o início de seus estudos, com este novo procedimento, que é o sistema de fichas.

A FICHA

O princípio é simples, e sua utilidade, incontestável. Todas as informações e todos os documentos reunidos e que devam ser classificados deverão ser registrados em uma ficha padronizada. A ficha é indispensável em qualquer situação na qual os elementos de um trabalho possam vir a ser modificados, ampliados, reduzidos, classificados ou manipulados. Parece ter sido um francês, o padre Rozier, membro da Academia de Ciências, o primeiro a ter tido a idéia, pelo fim do século XVIII, de utilizar cartões soltos, ou seja, fichas. Ele as empregou para montar o índice dos trabalhos da Academia de Ciências.

Desde aproximadamente um século, o sistema de fichas vem se impondo progressivamente em função de suas vantagens inestimáveis. Administração, comércio, bancos, bibliotecas etc. o adotaram, com grande proveito. Deve-se atualmente visar a seu emprego regular e universal em todos os métodos de trabalho do espírito. É a evolução indispensável.

Nas bibliotecas públicas, os catálogos por fichas substituíram quase universalmente os catálogos lavrados em livros de registro, já que somente o repertório por fichas permite a expansão indefinida desses catálogos, sem nenhuma modificação ou alteração na ordem geral.

O mesmo ocorre para a classificação de idéias e conceitos obtidos sobre determinado tema de ciência, ou sobre uma questão profissional: ao inscrever cada idéia e cada conceito em uma ficha separada, será fácil, tendo sido estabelecida uma ordem sistemática de classificação, inserir essa ficha no grupo ao qual pertence por sua natureza. Essas fichas poderão se multiplicar quase indefinidamente, sem que seja perturbada a ordem geral; seu número crescerá, algumas seções verão sua série de fichas aumentar quase ao infinito; outras, inversamente, receberão poucas ou nenhuma ficha. A tentativa de montar um registro no qual fossem reservadas páginas em branco em número proporcional à importância relativa e prevista dos temas em pouco tempo estaria ultrapassada e frustrada. Algumas seções estariam abarrotadas, enquanto outras exibiriam apenas páginas em branco. Com o sistema de fichas, pelo contrário, são eliminadas as páginas inúteis e as previsões superadas: as fichas novas se inserem imediatamente em seu exato lugar. Não há fichas em branco ou em posição de espera.

Se em determinado momento for decidido modificar o modo de agrupamento das fichas ou criar novos capítulos, nada mais fácil, já que cada uma constitui um folheto solto que irá encontrar seu lugar junto aos outros, formando um conjunto sempre homogêneo e perfeitamente ordenado.

ESCOLHA DO MODELO DE FICHAS

Quando se deseja formar uma coleção de anotações pelo método de fichas, é preciso escolher desde o início o modelo de fichas adequado ao tipo de trabalho que se desenvolve, modelo que possa ser seguido, por assim dizer, indefinidamente. O sistema mais simples, e certamente o mais econômico, consiste em confeccionar as fichas com folhas de papel branco recortadas seja em quarto de folha, seja em oitavo de folha, segundo a quantidade de anotações que se costuma fazer a respeito de cada assunto, leitura ou obra. Se por um lado esse tipo de ficha tem a vantagem de ser extremamente econômico, por outro tem o inconveniente de ser pouco resistente, de se estragar facilmente, e com o tempo terminar se destruindo. No entanto, é a que ocupa menos espaço e de mais fácil manuseio para trabalhadores cuidadosos. No caso de anotações que deverão ser conservadas por mais tempo e consultadas com freqüência, é vantajoso utilizar fichas de cartão delgado. Algumas casas que se especializaram nessas fichas podem fornecê-las prontas a preços módicos.

Segundo a resistência necessária e também o manuseio a que serão submetidas e a durabilidade delas exigida, as fichas podem ser feitas de papel *bulle*[1] reforçado, *bristol*[2] flexível, ou de cartão branco. São fornecidas em branco, pautadas ou quadriculadas, de acordo com a vontade do comprador. Segundo o formato predominante das anotações a serem inscritas, as fichas são montadas no sentido vertical ou horizontal.

Nas *fichas de modelo vertical*, há seis tipos comuns à disposição:

ALTURA	LARGURA
95 mm	60 mm
105 mm	68 mm
125 mm	80 mm
150 mm	95 mm
170 mm	120 mm
202 mm	120 mm

Nas *fichas de modelo horizontal*, os formatos comuns ditos internacionais são os seguintes:

ALTURA	LARGURA
7,5 cm	12,5 cm
10 cm	15 cm
12 cm	20 cm

---

1 Papel de coloração amarela ou marrom claro — NT.
2 Tipo de papel reforçado, empregado para desenho, cartões de visita, convites etc. — NT.

Veremos adiante que as fichas podem ser encomendadas com ou sem corte, furo ou aba em sua base, detalhes que irão variar de acordo com a natureza e o formato do móvel ou estante no qual as fichas serão colocadas (ver pp. 73–75).
Esses são os modelos comuns de fichas. Como devem ser empregadas, o que deve ser escrito nelas? Em princípio, uma ficha deve conter informações precisas, sucintas, relacionadas a um assunto específico. Deve-se atentar para registrar em cada ficha apenas uma idéia completa, ou então idéias da mesma categoria. Essa é a condição que permitirá que sejam classificadas posteriormente. Uma ficha contendo duas idéias diferentes deveria ser classificada em dois locais, sendo então necessário repeti-la.

Quando uma ficha se destina a permitir o rastreamento de uma leitura, é sempre indispensável anotar cuidadosamente todas as indicações bibliográficas: nome do autor, título exato, nome do editor, ano de publicação, referência da edição e número da página. Pode ser útil, muitas vezes, mencionar em que biblioteca foi consultada a obra. Tamanha precisão pode parecer excessiva, mas poderá evitar buscas posteriores.

Quando se prepara uma pesquisa bibliográfica e se deseja recorrer diretamente aos textos das obras citadas em outra obra ou em um catálogo, anota-se em uma ficha a indicação bibliográfica tal e qual. É sempre prudente indicar no rodapé de cada ficha a obra da qual foi extraída a indicação bibliográfica. De fato, podem ocorrer erros de transcrição, e mais tarde será necessário conferir a indicação na própria obra que a originou. Ao aumentar o número de fichas, torna-se quase impossível lembrar de que obra foram colhidas as indicações. Principalmente quando não se tem a possibilidade de conferir pessoalmente os trabalhos citados, é tão honesto quanto prudente indicar sempre a que autor pertence a indicação prestada, pois ela pode ser equivocada ou estar truncada, o que é menos raro do que pode parecer.

Temos, então, as fichas preparadas; o material em si, isto é, as fichas, já teve determinados seu modelo e suas dimensões. Nessas fichas, que já tiveram registrados uma idéia, uma informação ou o resultado de uma leitura; agora será necessário classificá-los, isto é, designar-lhes a posição em que poderão ser localizados segura e rapidamente sempre que necessário.

É preciso também, se quisermos que essa disposição seja realmente prática, que todas as fichas possuam a referência da localização que lhes foi designada dentro do ordenamento, de forma a ser possível, quando necessário, removê-las para seu uso e em seguida retorná-las quase automaticamente à sua posição. São qualidades indispensáveis do sistema: permitir a rápida localização da ficha desejada, e ser possível recolocá-la imediatamente em sua posição. Portanto, o próximo item a ser definido é o método de classificação. Todo o sucesso do sistema depende da escolha de *um bom método de classificação*.

CLASSIFICAR

Se até hoje a preferência do público se divide entre os diversos métodos de classificação em uso, isso se dá não porque todos os métodos se equivalham, e sim por ainda não se ter chegado a uma conclusão sobre quais qualidades deve possuir o método de referência.

Instintivamente, imagina-se que o melhor método deve ter um formato o mais simples possível; destarte, o método alfabético é aquele que tem a preferência daqueles que ainda são pouco informados sobre essas questões de classificação. À primeira vista não há nada melhor, pois as pesquisas parecem ser muito facilitadas por fichas classificadas em ordem alfabética, quando em cada uma delas é destacada a palavra essencial que irá constituir, por assim dizer, o título do capítulo, ao mesmo tempo em que o caracteriza.

Infelizmente, esse método tão atraente à primeira vista está sujeito a graves problemas, problemas tão fatais que implicam, na maior parte dos casos, a total rejeição do sistema.

Em primeiro lugar, é muito menos simples do que parece encontrar a palavra de uma anotação, uma ficha ou um livro que caracteriza a idéia principal.

Suponhamos que temos de classificar uma ficha mencionando a referência bibliográfica de uma brochura publicada recentemente: "Por que serão derrotados os alemães?". Nenhuma das palavras que compõem o título contém a idéia principal a que ele se refere. Casos assim ocorrem freqüentemente e já são suficientes para invalidar o sistema. De fato, se mais tarde viermos a lembrar o título exato e quisermos reler a ficha a seu respeito, será necessário, forçando a memória, lembrar a palavra característica que lhe tiver sido atribuída e que poderá ser: *guerra*, ou *vitória*, ou *motivos*, ou *razões*, ou *causas* da vitória etc. Classificá-lo sob a palavra *porque* será a forma mais garantida de fazer com que a menção a esta brochura jamais possa ser relacionada ao grupo daquelas que tratam de assuntos análogos. Além disso, como a língua francesa é rica em sinônimos, será freqüente que se atribua a uma parte das anotações sobre um mesmo assunto um dos nomes possíveis, enquanto outro grupo será indexado por outro sinônimo. Se for feita uma classificação de anatomia seguindo a ordem alfabética, haverá o risco, por exemplo, de alguns trabalhos serem catalogados sob a palavra *cérebro*, enquanto outros trabalhos análogos serão classificados sob *encéfalo*, ou *lobos cerebrais* etc. E não é de se temer também que certas publicações do mesmo gênero concernentes aos *centros nervosos* terminem originando um terceiro grupo de classificação alfabética?

Por outro lado, certas categorias de classificação por palavras se arriscam a reunir matérias bem disparatadas: *canal raquidiano* não pode acabar casualmente associado a *canal uretral*, ou a *canal lacrimal*? *Trompa uterina* e *trompa de Eustáquio* não têm nenhuma relação entre si além de uma proximidade alfabética fortuita. Passará pela cabeça de alguém consultar sucessivamente as palavras *tuberculose, bacilose, tísica* e *fimatose* etc.?

Em outra ordem de idéias, alguém pensaria em procurar sucessivamente nas palavras *amizade, apego, afeição* e *simpatia*, sob as quais documentos bem análogos poderiam ser classificados?

Um exemplo absolutamente típico dos inconvenientes da classificação alfabética é dado por uma obra tão conhecida quanto útil, o *Bottin*. O volume das profissões é classificado por categorias alfabéticas. Esse sistema leva a numerosas repetições e dificuldades de pesquisa.

Quem poderia pensar, por exemplo, que há indicações similares sob as rubricas: *encadernação automática, encadernação móvel, fichários* e *classificadores*? Ou que é indispensável procurar pelo mesmo assunto nos capítulos: *policópia* e *multicópia*? O problema é real e tão evidente que esse mesmo volume do *Bottin* inclui no início um índice sistemático das profissões.

Alguns pensam poder evitar esse inconveniente intercalando fichas de remissão aos diversos sinônimos de cada termo; mas essa complicação só resolve parcialmente o problema fundamental, pois sinônimos são um campo, por assim dizer, ilimitado. Por sinonímia aproximada, pode-se dar uma volta completa no dicionário de um idioma.

A criação tão freqüente de novos termos profissionais obriga a uma revisão constante do índice de sinônimos. O vocabulário característico de cada autor acentua mais ainda este inconveniente.

Por outro lado, uma homonímia fortuita pode criar as associações mais imprevistas. Um erro desse tipo, já tornado clássico, é o do alemão que, ao fazer a bibliografia das modificações do formato das células em botânica e zoologia, inseriu em sua nomenclatura uma menção ao livro de Baillaut: *Impressions cellulaires*.[3] As anotações do hóspede da prisão de La Santé não tinham, no entanto, nenhuma relação com micrografia ou microscópios.

Ainda que fosse possível evitar esses inconvenientes da classificação alfabética, permaneceria outra objeção fundamental: quando se deseja fazer rapidamente em suas próprias anotações a revisão de um determinado capítulo, as múltiplas fichas que lhe são referentes são repartidas em função do alfabeto, em partes bastante afastadas umas das outras. Qualquer pesquisa global torna-se, portanto, um trabalho bastante complicado, por vezes até impossível.

---

3 Baillaut, *Impressões celulares*. Em francês, a palavra *cellule* tem dois sentidos: célula e cela, cárcere. O título do livro de Baillaut se refere, como fica claro, ao cárcere — NT.

Outro inconveniente: a mesma palavra pode servir de termo genérico para classificar um imenso número de fichas, como, por exemplo, a palavra *encéfalo*. Se se trata especificamente de estudos do sistema nervoso central, como serão, então, criadas as subdivisões neste grupo tornado exuberante, sobrecarregado? Talvez, então, exista a tentação de criar subdivisões sistemáticas, mas seria uma deturpação do próprio método, e percebe--se rapidamente que, para cumprir uma aparente simplicidade, adotou-se um sistema absolutamente ilógico.

A classificação alfabética é a classificação padrão para os catálogos por *nome de autor*, isso não se discute, e nas bibliotecas o catálogo alfabético por nome de autor atinge a perfeição do gênero.

O nome de autor, de fato, é um termo fixo que não tem equivalente nem sinônimo. Mas pouca coisa basta para perturbar esta aparente simplicidade; basta pensar nas dificuldades de classificação que surgem quando um nome de autor é composto ou é precedido por partícula: como classificar no índice alfabético, por exemplo, uma obra de Petit-de-Julleville, de Bernardim de Saint-Pierre? Ou ainda nomes nos quais o nome de batismo, por força do hábito, acaba quase fazendo parte do sobrenome: Paul-Louis Courier?

Conclusão prática: o método puramente alfabético tem vantagens indiscutíveis, mas só pode ser aplicado a contento em casos simples e limitados.

CLASSIFICAÇÃO SISTEMÁTICA

A busca por uma classificação sistemática geral do conhecimento humano é há muito tempo objeto das pesquisas de todos aqueles que se interessam por filosofia geral, ciências, e mais particularmente de todas as gerações de bibliotecários, livreiros etc. Uma obra que se tornou clássica na matéria, *Manuel du libraire et de l'amateur de livres*,[4] apresentou um histórico dos métodos de classificação bibliográfica e propôs um índice de

4 Firmin-Didot, *Manual do livreiro e do amante dos livros*, 1865 — NT.

classificação em forma de catálogo sistemático. Estabelece divisões por grandes capítulos, com subdivisões em seções, subseções etc.

O grande inconveniente de um catálogo sistemático, por maior que seja, é ser, desde o momento de sua criação, definitivo e imutável, mesmo se por sorte ele for completo e já não estiver superado no momento de sua publicação. Mas, com o passar dos anos, o conhecimento geral se modifica, e determinado capítulo que outrora ocupava um espaço mínimo assume inversamente importância tão considerável quanto imprevista; assim, por exemplo, o capítulo da radiologia, surgido nesses últimos anos no terreno da física médica.

É indispensável que o catálogo geral de classificação das ciências ou de nossos estudos permaneça indefinidamente extensível em todas as suas partes, que a qualquer momento seja possível criar e introduzir novos capítulos ou subdivisões, sem que em nada seja modificada a ordem adotada até então.

Portanto, as qualidades principais exigidas de uma classificação são: ser *completa*, e ser *aperfeiçoável indefinidamente*.

Além disso, os sucessivos aperfeiçoamentos não devem provocar nenhuma alteração periódica fundamental.

NOTAÇÃO DAS FICHAS

Na classificação das fichas, quando essas tornam-se numerosas, é necessário poder inscrever em cada uma delas, de forma absolutamente simples, a indicação do capítulo em que a ficha deve ser mantida. Trata-se da notação da ficha, seu número de classe. Se fosse preciso escrever em cada ficha, com todas as letras, o nome do grupo, subgrupo, divisão, seção e subseção a que pertence cada uma delas, o resultado seria um sistema de escritas tão complexo que seria inaplicável.

Chegou-se a pensar, visando à simplificação, em atribuir a cada grupo do catálogo um número de ordem, reportando em cada ficha a indicação deste número. Esse sistema de numeração, à primeira vista, parece atraente por sua simplicidade, mas logo surge uma dificuldade insuperável. Se em determinado ponto do catálogo um capítulo se subdivide, como numerar essas diversas subdivisões? Seria possível, a rigor, criar os capítulos "94*bis*" e "94*ter*" etc. Mas se o próprio capítulo "94*bis*" precisar ser dividido, é impossível complicar ainda mais este sistema de numeração, e a dificuldade pode se repetir indefinidamente. Existe classificação satisfatória em todas as circunstâncias?

CLASSIFICAÇÃO DECIMAL

Já existe, há muitos anos, um sistema de *classificação decimal* que responde a todos os propósitos enunciados anteriormente, sem nenhum dos inconvenientes apresentados pelos métodos examinados. Esse método decimal, inventado por Melvil Dewey, foi aplicado pela primeira vez na Biblioteca do Amherst College (Massachusetts).

Inicialmente apresentado em 1873, foi divulgado por completo pelo seu autor em 1891.[5] Em 1895 e 1897, foi adotado pelas Conferências Internacionais reunidas em Bruxelas, por iniciativa do Instituto Internacional de Bibliografia de Bruxelas.

"Este sistema destina-se a servir de base ao repertório bibliográfico universal de bibliografia por matéria, e a criar um vínculo entre trabalhos bibliográficos particulares que podem, estando conformes a esta classificação, ser considerados como contribuições à bibliografia universal".

Concebido, como vimos, como método bibliográfico, é também de âmbito geral. Sem nenhuma modificação em seus princípios ou em seus pormenores, pode perfeitamente ser empregado para classificar anotações, e até mesmo menções a idéias quaisquer.

É exatamente em torno do emprego deste sistema decimal com uma finalidade muito específica que gira a presente obra de *propedêutica geral*.

---

5 Melvil Dewey, *Decimal classification and relative index for arranging, cataloguing and indexing public and private libraries* [Classificação e índice relativo para classificação, catalogação e indexação de bibliotecas públicas e particulares]. Boston, 1891 — NT.

Tomamos o método decimal de empréstimo a seu autor sem modificação alguma, mas esse método foi concebido tendo em vista exclusivamente seu emprego na bibliografia e nossa proposta é aplicá-lo como método geral de trabalho.

É provavelmente uma de suas aplicações mais fecundas, mais interessante até do que sua utilização nas bibliotecas, onde encontrou dificuldades práticas que retardaram sua utilização.

Na prática, há mais ou menos quinze anos que o aplicamos por nossa conta, sempre de forma satisfatória, e por este motivo o recomendamos. Sempre nos foi possível, por assim dizer, de forma instantânea, em alguns minutos, reunir todas as anotações feitas em determinada época sobre determinado assunto e tê-las disponíveis, seja com vista a uma conferência, seja para preparar uma publicação; aconteceu até de terem sido emprestadas a alguém e, no seu retorno, encontrarem instantaneamente seu espaço na classificação.

E no que consiste esse método decimal? Ele se baseia inteiramente em uma convenção que pode, é verdade, ser considerada arbitrária,[6] mas que alcança resultados absolutamente práticos.

Neste sistema decimal, divide-se o conjunto dos conhecimentos humanos em dez partes numeradas de 0 a 9. Cada parte, por sua vez, é numerada de 0 a 9. Seguindo o mesmo princípio, pode-se prosseguir nas subdivisões, por assim dizer, ao infinito, mantendo-se sempre no mesmo quadro de subdivisões por dez.

A primeira divisão geral das ciências humanas foi estabelecida como segue:

---

6 Toda classificação é arbitrária, pois é uma forma de categorização do espírito. Os objetos que conhecemos formam na natureza séries contínuas; a classificação é uma das condições indispensáveis para que possamos estudar.

0. Obras gerais
1. Filosofia
2. Religião
3. Sociologia
4. Filologia
5. Ciências puras
6. Ciências aplicadas
7. Belas-Artes
8. Literatura
9. História

Uma das convenções desse sistema é que os algarismos pelos quais são catalogados, uma obra, uma anotação ou uma ficha não são lidos como números inteiros, e, sim, como algarismos decimais. A primeira parte, o primeiro algarismo à esquerda de um número, designa as classes da primeira ordem; o segundo algarismo indica uma subdivisão do algarismo que o precede à esquerda, e assim por diante. Assim, se, por exemplo, encontramos na classificação anotações contendo os indicadores 6150 — 689 — 61, eles não devem ser classificados como se fossem números inteiros. Se fossem números inteiros quaisquer, aparentemente deveria ser seguida a ordem numérica simples e eles seriam classificados pela ordem:

61
689
6150

Mas não, a classificação deve ser feita considerando-se inicialmente o primeiro algarismo à esquerda; portanto, as três anotações acima pertencem ao mesmo número inicial: 6. Considera-se, a seguir, o segundo algarismo, constatando que 61 e 6150 pertencem ao mesmo grupo, enquanto 689, pelo algarismo 8, pertence ao grupo de uma ordem posterior. 61 e 6150 são, portanto, agrupados, pois têm suas duas primeiras subdivisões em comum. Em seguida, para classificar um em relação ao outro, considera-se a terceira parte do número, constatando que 6150 é uma subdivisão posterior do grupo 61. A comparação dos algarismos é feita através deste quadro:

Categoria primária	Categoria secundária	Categoria terciária	Categoria quaternária	Categoria etc.
6	1			
6	8	9		
6	1	5	0	

E a classificação surge na seguinte ordem:

1º. 61
2º. 6150
3º. 689

Se tomarmos como exemplo o grupo 6, o grupo das ciências aplicadas, este irá dividir-se em dez partes, medicina, engenharia, indústria etc. Medicina será, então, 61; engenharia, 62 etc. O grupo 61, grupo das ciências médicas, irá repartir-se em:

61. Ciências médicas
- 610. Ciências médicas — Generalidades
- 611. Anatomia — Histologia
- 612. Fisiologia
- 613. Higiene privada
- 614. Higiene pública
- 615. Matéria médica e terapêutica
- 616. Patologia interna
- 617. Patologia externa e medicina operatória
- 618. Ginecologia obstétrica e pediatria
- 619. Medicina veterinária

E, na seqüência, cada um desses ramos irá subdividir-se segundo o modo decimal.

Temos a seguir, como exemplo detalhado, uma página extraída de um repertório médico decimal:

616: **Patologia interna.** Doenças e seu tratamento.
616: (0). Generalidades.
616: 0. Patologia geral (médica).
616: 01. Anatomia e histologia patológicas gerais.
616: 02. Bacteriologia e patologia gerais.
    616: 022. Bacteriologia geral.
    616: 022–0. Generalidades. Laboratório.
    616: 022–1. Estrutura e biologia dos micróbios.
    616: 022–5. Cocos associados, estafilococos, estreptococos
    616: 022–6. Bactérias.
    616: 022–96. Micróbios patógenos.
616: 03. Semiologia geral.
616: 04. Autópsias.
616: 07. Diagnóstico médico geral.
616: 1. Doenças do sistema circulatório.
    616: 10. Generalidades.
    616: 11. Pericárdio.
    616: 12. Coração (angina do peito, endocardite). Problemas valvulares.
    616: 13. Artérias.
    616: 14. Veias.
    616: 15. Sangue.
616: 2. Doenças do sistema respiratório.
    616: 20. Generalidades.
    616: 201. Crupe.
    616: 202. Asma.
    616: 203. Influenza ou gripe.
    616: 204. Coqueluche.
616: 21. Nariz. Nasofaringe.
616: 22. Laringe.
616: 23.Traquéia. Brônquios. (Bronquite, asma).
616: 24. Pulmões.
    616: 240. Generalidades.
    616: 241. Pneumonia.
    616: 242. Congestão.
    616: 243. Hemorragia.
    616: 244. Abscesso.
    616: 245. Gangrena.
    616: 246. Tísica.
    616: 247. Embolia e aneurisma da artéria pulmonar.
    616: 248. Enfisema.
    616: 249. Colapso.
616: 25. Pleura (pleurisia).
616: 26. Diafragma.

Evidentemente, toda e qualquer ciência humana, sem exceção, pode ser reportada a uma das grandes divisões indicadas acima e subdividida da mesma forma ao infinito, sempre seguindo uma classificação rigorosa.

Mas, dir-se-á, talvez se pudesse empregar este sistema; porém, criar pessoalmente as divisões decimais é um trabalho difícil e maçante quando ainda não se dominou perfeitamente o método, isso exatamente no momento em que as dificuldades podem fazer desistir do sistema.

Para corrigir essa dificuldade inicial, *dois* métodos igualmente recomendáveis estão à disposição de quem desejar empregar o sistema; estes irão simplificar de pronto seu uso.

1º. O Instituto Bibliográfico de Bruxelas (na Rua do Museu) editou brochuras, cada uma compreendendo toda a classificação decimal de uma das dez categorias das ciências humanas. É raro que a mesma pessoa tenha freqüentemente que empregar uma classificação estendida a mais de um ou dois ramos das ciências, isto é, que exija mais de um ou dois desses catálogos.

2º. Quando se está tratando de determinado assunto, é extremamente simples montar sozinho, quase que instantaneamente, seu catálogo decimal, da seguinte maneira: toma-se um tratado geral referente a esse assunto, e vai-se diretamente ao índice. Pensando bem, não há nada mais fácil do que repartir os capítulos desse índice em dez números; é possível agrupar dois ou três se necessário, ou, pelo contrário, desmembrar alguns que pareçam carregados demais. Ainda trabalhando baseado no índice, cria-se as subdivisões de segunda ordem, de terceira ordem, e logo se perceberá que basta indexar a tabela até o terceiro algarismo para criar mil categorias, mil capítulos entre os quais serão repartidas as anotações que devem ser classificadas.

De certa forma, é como se tivesse sido criado um móvel classificador contendo mil escaninhos, sem nenhuma despesa e sem que essa organização ocupe espaço algum. Na verdade, não há nenhuma necessidade de se trabalhar com uma classificação que seja absolutamente conforme àquela do Instituto Internacional de Bibliografia. Pode ser mais cômodo, principalmente no início, empregar as divisões estabelecidas por pessoas experimentadas na pesquisa, mas de forma alguma indispensável, e é perfeitamente possível trabalhar a vida inteira com um catálogo montado por si próprio.

Aliás, nada impede que, em dado momento, se altere completamente o catálogo de classificação. Basta riscar os números já escritos nas fichas, e substituí-los pelos números do novo catálogo.

Ser capaz de criar para si uma classificação desse tipo é obrigatório para aqueles que pretendem dedicar-se a uma ciência ainda pouco conhecida, ou que fazem pesquisas pessoais visando a alguma invenção.

É o método mais aconselhável para os iniciantes, que dessa forma terão sua classificação feita da forma mais simples possível.

Avisamos de antemão, para evitar tentativas inúteis, que o método decimal, por ser absolutamente geral, admite variações diferentes na aparência, mas idênticas no princípio. Muitos inventores de sistemas aplicaram-se em utilizar, por exemplo, um índice de numeração alfabética absolutamente calcado, aliás, no índice decimal, com a diferença de o primeiro grupo comportar 25 divisões catalogadas pelas letras de A a Z. As subdivisões serão feitas da mesma forma, e cada indexação por letra de qualquer ficha será classificada pela primeira letra à esquerda, em seguida pela segunda e pela terceira, exatamente como em um dicionário.

Alguns autores acreditaram estar sendo muito originais (sobretudo nos países que ainda empregam o sistema de medidas duodecimal) ao propor uma classificação catalogada com indexação duodecimal (Perkins e Schwartz, B. Pickmann). Mas esse sistema só seria aceitável se a numeração duodecimal fosse de uso corrente, o que não ocorre em nenhum povo civilizado.

O que faz o mérito de toda classificação de tipo decimal normal é o fato de ser realmente universal, aplicável aos ofícios e às especialidades mais diversas.

Graças a ela, um *músico* poderá classificar os documentos gerados por suas pesquisas, organizar em ordem natural e localizar rapidamente suas improvisações, por diversas que sejam.

Um *literato* será capaz de encontrar no momento certo as mil anotações que representam seu labor cotidiano de observações ao vivo, ou de leituras.

Um *desenhista*, seguindo ainda o mesmo método, será capaz de classificar seus croquis de forma prática, sem ser obrigado a procurar em inúmeros álbuns nos quais a única referência é a ordem cronológica, considerando que esta tenha sido considerada, mesmo que por acaso.

Da mesma forma, um *teólogo* irá localizar, com a mesma facilidade, os elementos de um sermão ou os argumentos de uma controvérsia.

Pode-se, portanto, dizer e afirmar que um método utilizável em casos tão diversos tem realmente alcance universal.

"Como é possível, então", perguntarão, "que um sistema tão perfeito ainda não se tenha generalizado e seja relativamente pouco conhecido?". Pode-se primeiramente responder que o público é pouco afeito a apreciar as inovações mais práticas, que o entusiasmo acaba sendo dirigido a verdades absolutamente transitórias, e Parmentier encontrou resistências muito mais duradouras do que teria encontrado um inventor de moda feminina.

Por outro lado, até onde sabemos, o método decimal jamais foi apresentado ao público como método prático de trabalho pessoal. Foi sempre um conhecimento exclusivo dos bibliotecários, e por isso completamente especializado.

Finalmente, outro motivo sem dúvida mais forte ainda merece ser considerado: geralmente, não é no início dos estudos pessoais que se lamenta a falta de método de trabalho e de ordem de classificação. Costuma ser no momento em que, chegada a maturidade, se deseja utilizar seus documentos. Somente então se percebe que as anotações formam uma confusão indecifrável, e que muitas delas desapareceram. Adotar novos métodos de trabalho já se torna difícil quando se ultrapassa a barreira dos trinta, e com o passar dos anos isso tende a piorar; romper com seus hábitos, mesmo quando são maus hábitos, e pode-se mesmo dizer sobretudo se são maus hábitos, é um sacrifício ao qual muitos não se dispõem.

Portanto, comece desde cedo a montar um bom método de classificação e a obrigar-se a usá-lo. É a garantia de seu futuro.

O CADERNO-REPERTÓRIO DE CLASSIFICAÇÃO

Quando se adota a classificação decimal, é evidente que é indispensável ter à mão uma das brochuras do Instituto Bibliográfico mencionadas (p. 63), ou então o caderno-repertório criado a partir de um modelo análogo, e montado como indicado (p. 62).

Qualquer que seja o modelo adotado, esse caderno-repertório é o índice da coleção de fichas. É a ele que se recorre quando, ao introduzir novas fichas na série, deve-se atribuir-lhes o número indicativo de seu grupo de classificação.

O caderno-repertório é útil também quando é necessário pesquisar na coleção.

Periodicamente é necessário modificar este caderno, mencionando novas subdivisões.

É prudente, no início, escrever deixando suficiente espaço em branco após cada alínea, ou então deixar em branco o verso de cada página do caderno para aí fazer os acréscimos indispensáveis.

ERROS QUE DEVEM SER EVITADOS

O método decimal é excelente. Não é a ele que devem ser imputados alguns erros, causados exclusivamente por aqueles que dele fazem uso.

Primeiro erro: não saber o seu limite. Por mais perfeita que seja a classificação adotada, não se deve tentar inserir nela todas as anotações que se gostaria de compilar sobre questões muito amplas ou volumosas. *É necessário saber restringir e delimitar o campo de sua atividade*: ao se pretender abordar múltiplas questões importantes, é preciso ater-se às generalidades, e não considerar possível aprofundar todas as questões tratadas. É humanamente impossível, a menos que se agregue auxiliares, criando um serviço de documentação.

A sabedoria está em saber delimitar seus propósitos, e só conservar e classificar as anotações mais importantes. Se em determinado ponto se aspira a ser completo, deve-se então restringir o campo da pesquisa, e sob esta condição pode-se fazer um excelente trabalho.

Segundo erro: multiplicar em demasia as subdivisões. No método decimal, a extrema facilidade em criar subdivisões pode tornar-se um inconveniente: espíritos excessivamente meticulosos irão exagerar na quantidade, e o número de posições de classificação tende a tornar-se quase igual ao número de objetos, de fichas a classificar.

Chega-se ao ponto de cifrar praticamente o título inteiro da ficha a ser classificada, e o número nela inscrito não passa de uma tradução numérica. Surgem então indexações de doze, quinze algarismos ou mais, números que se tornam verdadeiros hieróglifos incompreensíveis.

Pode-se admitir que uma pessoa, por mais ocupada que seja, terá realmente organizado suas anotações quando as tiver repartido em dez mil, ou mesmo cem mil grupos entre os quais transita desembaraçadamente, com método e presteza.

Ora, isso representa no máximo um referenciamento por números de cinco algarismos. É o suficiente para a imensa maioria dos casos.

Quem terá a necessidade de chegar a um milhão de divisões? Talvez uma administração, mas quase nunca um particular.

Capítulo VI

Ordem material — Organização prática

Não é indispensável ser um maníaco da ordem e da regularidade, mas é preciso ser capaz de localizar imediatamente todos os documentos que venham a ser necessários.

Acabamos de expor, no capítulo anterior, a forma de classificar as anotações, isto é, de que forma essas anotações devem ser dispostas em seqüência, formando grupos naturais nos quais todas as questões similares estão tão agrupadas quanto possível. Só falta agora dispô-las em estantes organizadas para recebê-las.

Nesses últimos anos, a indústria criou um completo mobiliário de escritório que permite armazenar em perfeita ordem todas as fichas, qualquer que seja o modelo, conservá-las na ordem que lhes foi designada, consultá-las facilmente, e mesmo removê-las e recolocá-las rapidamente na coleção.

É claro que *esse equipamento aperfeiçoado não é de forma alguma indispensável, ele tem o inconveniente de ser caro*, e é perfeitamente possível improvisar a baixo custo sistemas de classificação, verdadeiros móveis improvisados. Certas caixas de charuto adequam-se perfeitamente a este fim. Quem é habilidoso saberá aproveitá-las bem, escolhendo um modelo de ficha e um tipo de caixa que sejam compatíveis. Pintá-las ou revesti-las com papel é uma maneira fácil de dar-lhes um excelente aspecto, quase elegante, com um pouco de criatividade.

No entanto, os equipamentos especiais são recomendáveis, pois os modelos foram concebidos e modificados de acordo com as necessidades indicadas pela prática, e é bom conhecê-los mesmo que seja para poder elaborar improvisações equivalentes.

A idéia geral que prevalece na concepção da maioria dos móveis, caixas, etc. é a de *classificação vertical*.

Anteriormente, com o sistema de pastas, fardos de papel e papéis soltos, colocava-se em uma caixa ou prateleira uma pilha destes papéis e, quando era necessário consultar algum dos papéis da pasta, era-se sempre obrigado a mover a pilha inteira, deslocá-la, manipulá-la. O risco de alterar a ordem era grande, se é que havia alguma. Era o sistema de *classificação horizontal, com todos os seus inconvenientes*.

A adoção das fichas levou a um sistema inteiramente diferente, a *classificação vertical*. As fichas (figura 1) são em geral confeccionadas com papel reforçado ou cartão, aptas a serem dispostas em pé dentro de caixas ou gavetas especiais, sem risco de se deformarem ou dobrarem.

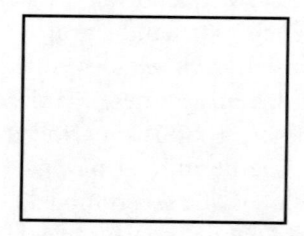

Figura 1 — Ficha comum (pode ser empregada, à vontade, como ficha horizontal ou vertical)

Esse tipo de caixas (figura 2) ou gavetas permite classificar em seqüência todas as fichas na ordem vertical; a vantagem deste sistema é evidente. De fato, quando fichas ou documentos são classificados desta forma, é sempre possível consultá-los, e mesmo lê-los inteiramente, sem nem mesmo removê-los da caixa ou do escaninho em que se encontram. Com um pouco de prática, pode-se localizar instantaneamente em uma classificação vertical o folheto que se deseja consultar, lê-lo e copiá-lo sem deslocá-lo. Se ainda assim for necessário retirar a ficha, ela poderá ser recolocada instantaneamente no exato lugar que ocupava antes.

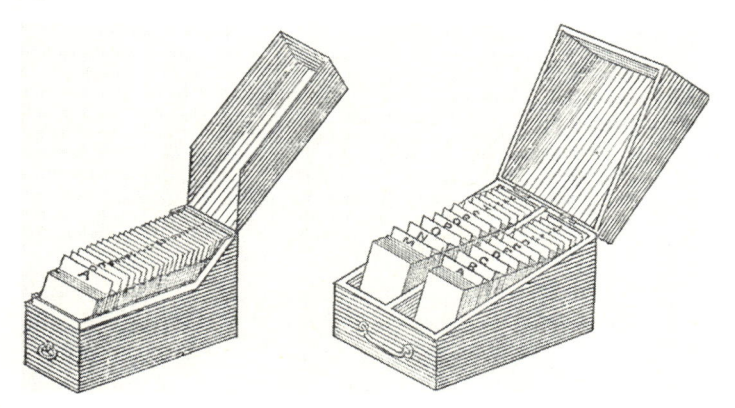

Figura 2 — Caixas para classificação vertical das fichas

Quando se trata de uma coleção de fichas pessoais e se é o único a consultá-la, não há o risco de que uma ficha seja removida indevidamente ou de que não retorne à coleção.

Quando, inversamente, se está montando um repertório público como um catálogo de biblioteca ou repertório para uso de estudantes, é imprescindível que as fichas sejam presas à gaveta que as contém, não sendo possível sua remoção. No entanto, o bibliotecário deve poder, sempre que necessário, introduzir novas fichas na série.

Para preencher essas condições, foi criada a ficha recortada (figura 3) ou perfurada (figura 4), ou ainda a ficha articulada (figura 5).

Figura 3 — Ficha com corte (modelo horizontal)

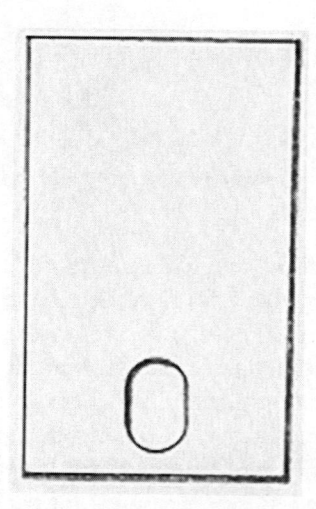

Figura 4 — Tipo de ficha vertical (modelo perfurado)

ORDEM MATERIAL — ORGANIZAÇÃO PRÁTICA

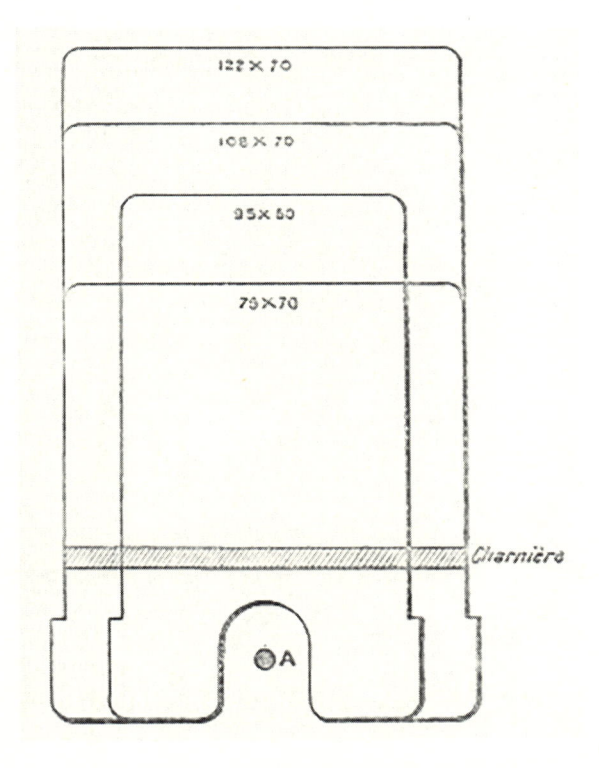

Figura 5 — *Fichas verticais articuladas (modelo Borgeaud)*
A = *passagem da haste de fixação; charnière = articulação*

Fichas desse tipo são colocadas em caixas ou gavetas nas quais são mantidas por uma haste metálica (figura 6). Pode-se consultá-las facilmente e percorrê-las sem o risco, por mais negligente que se seja, de misturá-las ou inverter-lhes a ordem. Sob esse ponto de vista, a ficha articulada preenche todos os propósitos possíveis. Ela é composta por uma base recortada, uma espécie de charneira de tecido reforçada, e na parte de cima a ficha em si com seu aspecto habitual. Gavetas ou móveis especiais destinam-se a receber essas fichas articuladas (figura 7).

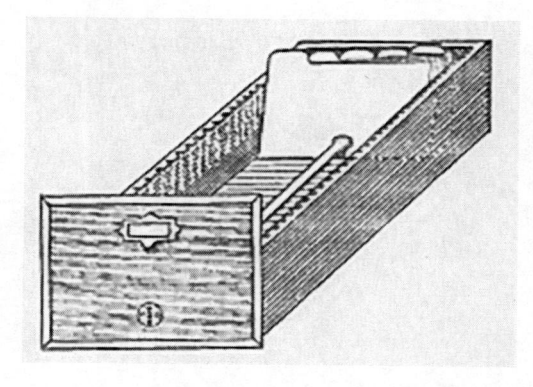

*Figura 6 — Gaveta classificadora para fichas perfuradas
(modelo de haste móvel do sistema Borgeaud)*

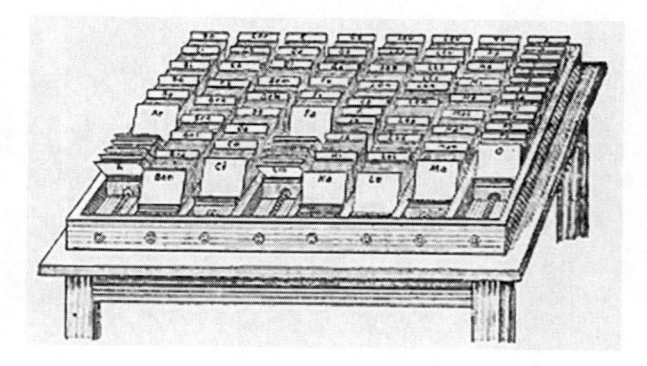

*Figura 7 — Mesa para classificação de fichas articuladas
(modelo Borgeaud)*

Qualquer que seja o sistema de fichas adotado, simples, recortadas, perfuradas ou articuladas, é sempre preferível, para consultar rapidamente a coleção, intercalar nos locais adequados, por grupos, fichas ou guias para subdivisão (figura 8), que, sendo ligeiramente maiores que as outras fichas, permitem acessar imediatamente a primeira ficha de um grupo ou de uma subdivisão. Se tiver sido adotado o sistema decimal, as fichas de subdivisão irão mencionar os algarismos principais dos grupos.

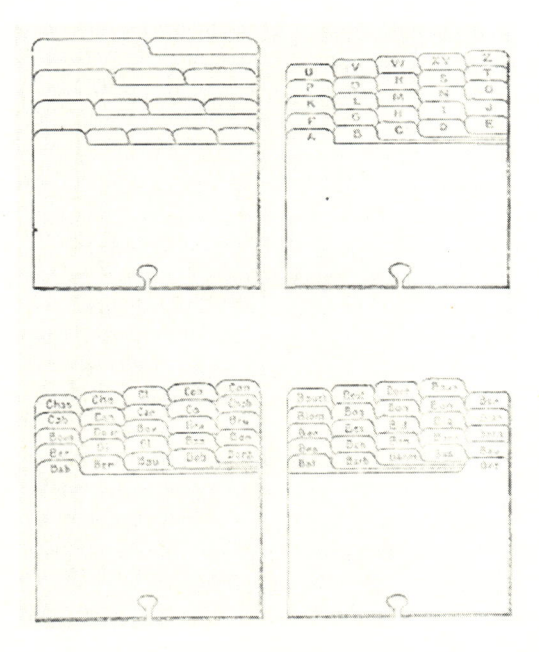

Figura 8 — *Guias ou fichas de subdivisão para serem intercaladas entre as fichas, facilitando as buscas*

Em certas ciências e em certos assuntos, pode ser interessante distinguir instantaneamente entre as referências antigas e as mais recentes. De acordo com a rapidez com que surgem novos conceitos, pode ser necessário, por exemplo, distinguir à primeira vista entre anotações feitas durante o qüinqüênio anterior, ou simplesmente reconhecer à primeira vista quais são do ano corrente, do ano anterior ou mesmo do semestre precedente. Nada mais simples: basta recorrer a fichas coloridas. As de 1914 podem ser, por exemplo, brancas; as de 1915, cor-de-rosa; as de 1916, salmão etc. Assim, torna-se muito fácil, ao consultar um repertório, limitar a pesquisa às fichas de um ano, de um qüinqüênio etc.

Ao invés de instalar fichas de subdivisão definitivas, pode ser interessante utilizar aquilo que se chama de *"cavaliers"*.

Cavaliers são pequenas fichas metálicas colocadas à frente das outras fichas, permitindo manipulá-las por grupos com maior presteza. Aliás, esses *cavaliers* podem receber as indicações numéricas ou alfabéticas indicativas de grupos ou subdivisões.

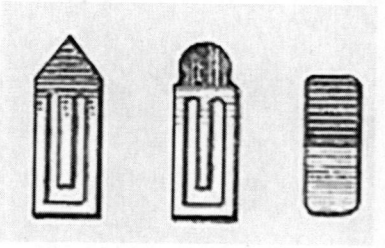

Figura 9 — Cavaliers para serem colocados nas fichas principais

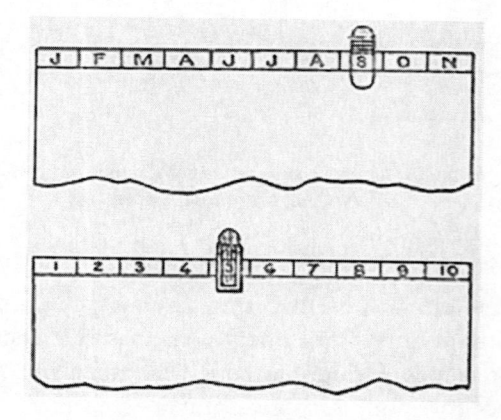

Figura 10 — Cavaliers colocados nas fichas, para facilitar sua manipulação e ganhar tempo nas buscas

As coleções de fichas relativamente pequenas podem ser colocadas em simples caixas especiais (figura 2, p. 69). Quando a coleção cresce, pode-se empregar móveis que se encontram no comércio, com dimensões fixas ou extensíveis (figuras 11 e 12). Esses móveis extensíveis são compostos por elementos idênticos em suas dimensões externas e que podem ser encaixados entre si, formando um conjunto relativamente homogêneo e que pode inclusive apresentar uma estética quase satisfatória.

Figura 11 — Móvel classificador para fichas (modelo Borgeaud)

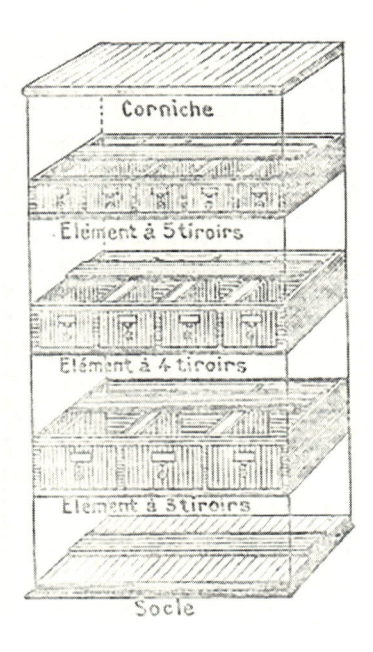

Figura 12 — Móvel extensível para classificação das fichas
(modelo Borgeaud)
Corniche = tampo; élément à 5, 4, 3 tiroirs = elemento de 5, 4, 3 gavetas;
socle = base

Em suma, se houver meios para adquirir no comércio os aparatos mais aperfeiçoados, ou se, com recursos mais modestos, opta-se por improvisá-los, tem-se, nas descrições precedentes, todas as informações necessárias para se criar um equipamento de classificação no qual, qualquer que seja a quantidade de anotações, seja possível situar-se instantaneamente e localizar, sem buscas inúteis, sem perder a paciência, qualquer documento que tenha sido anteriormente guardado. O resultado, tão maravilhoso em seu uso contínuo, decerto vale o esforço de seu preparo, organização e instalação.

ORGANIZAÇÃO DA MESA DE TRABALHO. INSTALAÇÃO PARA O TRABALHO

De alguns anos para cá, alguns fabricantes se especializaram na instalação de mesas para trabalho administrativo ou industrial.

Percebeu-se que uma mesa de trabalho favorece a produtividade ao empregar os métodos mais perfeitos e os aperfeiçoamentos práticos advindos da técnica das instalações. É claro que essas instalações são previsivelmente caras, e as mais cômodas do catálogo são aquelas cujo preço é o mais elevado.

No entanto, não é verdade que a capacidade produtiva de uma mesa de trabalho seja diretamente proporcional ao preço que tiver custado sua instalação, mas, sempre que possível, é positivo e prático dotar essa mesa dos diversos aperfeiçoamentos materiais disponíveis visando a uma produtividade mais completa. A fórmula típica de uma mesa de trabalho é a ordem, e tudo que nela se encontra, sem exceção, deve submeter-se a essa necessidade imprevista. *Cada objeto deve ter o seu lugar; cada pasta, cada objeto deve encontrar, por assim dizer, de forma automática, a posição que lhe foi designada.*

Um olhar sobre uma mesa de trabalho permite julgar seu ocupante e avaliar imediatamente seus hábitos intelectuais e sua produtividade efetiva. Uma mesa em que se acumulam pastas aleatoriamente em indecifrável confusão é sinal de que nela trabalha alguém que pode ser laborioso, mas cuja produtividade é relativamente restrita.

Uma mesa bem organizada, em que cada objeto ocupa seu lugar, é indicativo de um espírito ordenado. Pena que o aspecto possa ser exatamente o mesmo quando seu usuário é um espírito indolente, que por não fazer nada não tira nada do lugar; mas esses não tardam em ser julgados pelo seu verdadeiro valor.

Seria fora de nosso escopo dar uma descrição detalhada dos diversos aparelhos e acessórios de escritório que permitem, atualmente, incrementar a produtividade administrativa ou criadora. Recorrer a todos os novos métodos de produção revela um louvável espírito de iniciativa. Um homem de escritório com grande capacidade de produção não pensará duas vezes para empregar *a máquina de escrever e o mimeógrafo*. Se necessário, será capaz de empregar os recursos oferecidos pela *estenografia*, pela *estenodatilografia*, pela *máquina estenográfica*, e até pelas máquinas de ditado (*ronéophone* ou similares: *dictograph*, *parlograph* etc.).

Alguns desses aparelhos já são bem conhecidos, outros merecem ser mencionados mais detalhadamente.[1]

De todos, sem exceção, convém ressaltar as vantagens, pois muitos espíritos lhes permanecem refratários e tomam a atitude de, para não modificar seus hábitos, recusar-se a tolerar seu uso.

A máquina de escrever ainda possui, quem diria?, detratores! No entanto, atualmente é inegável que a máquina de escrever é ferramenta indispensável para todo aquele cuja produção intelectual atinja algum volume.

Em nosso país, ainda se admite que um jovem possa ter passado por um ou mais *baccalauréats* e não saiba utilizar esse aparelho. Trata-se de um *arcaísmo imperdoável*. Uma pessoa instruída, e que, no entanto, inicia-se na vida com essa imperdoável ignorância, é uma pessoa enferma, um ser inadaptado às lutas em que inevitavelmente será envolvido.

Todo homem de espírito cultivado deve dominar correntemente o uso da máquina de escrever. Não apenas é necessário

---

[1] Optamos por deixar de lado as máquinas de uso mais especialmente comercial ou administrativo: máquinas de copiar, de abrir o correio, de fechar envelopes, de franquear a correspondência, calculadoras, registradoras etc.

saber usá-la para passar a limpo de forma nítida, clara e legível, mas, principalmente, é necessário ser capaz de compor diretamente à máquina, isto é, escrever uma carta, um trabalho ou um artigo, improvisando à medida que se escreve. É um grau de treinamento mais difícil de adquirir, mas a que qualquer um dotado de um mínimo de inteligência pode aspirar.

Quando se compõe diretamente à máquina um trabalho que exija uma revisão muito acurada, o melhor é fazê-lo já em duplicata. A correção sucessiva dessas duas provas facilita muito os retoques, que podem ser mais numerosos; chega-se mais facilmente a uma forma mais apurada, mais perfeita.

ESTENOGRAFIA

Todos aqueles que são capazes de *externar seu pensamento*, que trabalham rápido a ponto de ser incomodados pela lentidão da escrita manual, terão vantagem em recorrer às facilidades oferecidas pela *estenografia*.

Não se trata de estenografia direta. São muito raros aqueles que conseguem estenografar o próprio pensamento.

A estenografia é um trabalho de auxiliar. As dificuldades técnicas da transcrição absorvem o espírito e não permitem refletir nem compor enquanto se estenografa.

Até recentemente, a estenografia se destinava a alguns casos particulares, quase excepcionais. Recorrer a um estenógrafo era um luxo que só se podia permitir em circunstâncias pouco freqüentes. Uma boa estenodatilógrafa também era quase uma raridade, o que tornava sua remuneração bastante elevada, e a grande dificuldade era atribuir-lhe atividade suficiente para que fosse compensador mantê-la.

Nos últimos anos, aperfeiçoamentos e modificações na construção das máquinas vieram praticamente a revolucionar a estenografia e certamente irão alterar seus princípios.

Primeiramente, foi a aparição de máquinas de estenografia. Temos na França dois modelos bastante parecidos:

MÁQUINA DE ESTENOGRAFAR GRANDJEAN E "STÉNOPHILE" BIVORT

Estes aparelhos são de aprendizado mais fácil do que a estenografia direta escrita, mas a maior vantagem de seu emprego é o fato de a fita impressa poder ser lida sem dificuldade por qualquer datilógrafa. Não é mais necessário que a estenógrafa empregue, como antes, a maior parte de seu tempo decifrando seu rascunho, que somente ela era capaz de entender. Portanto, uma estenógrafa com uma máquina de estenografar está sempre pronta para o ditado, e isso é uma especialização que torna o trabalho muito mais produtivo. Além disso, o próprio rascunho, o "estenograma", pode ser conservado como documento. Em muitos casos, não será necessário reproduzi-lo em escrita convencional e se poderá fazê-lo apenas mais tarde, quando necessário. Pode-se reler o estenograma e fazer as correções necessárias antes de passar a limpo.

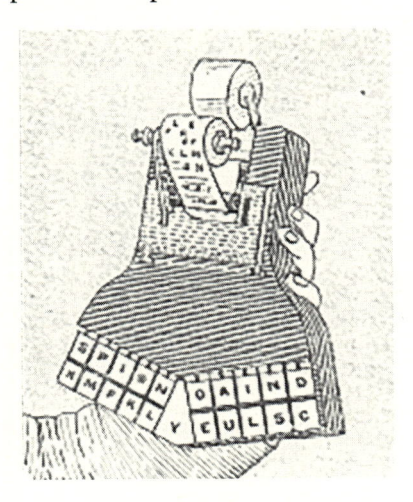

Figura 13 — Máquina de estenografar (modelo Grandjean)

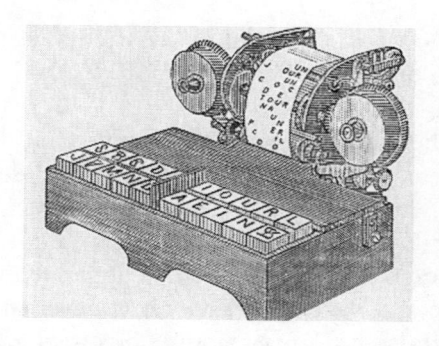

Figura 14 — "Sténophile" Bivort (máquina de estenografar)

Mais recente ainda é um aparelho que permite dispensar a estenógrafa, com a ajuda do qual se pode gravar diretamente a fala.

Esse instrumento é a "máquina de ditar", da qual um dos tipos mais comuns é o *ronéophone* (figura 15).

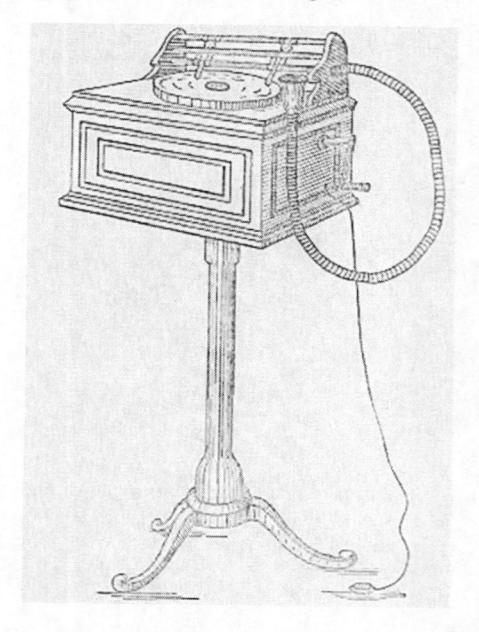

Figura 15 — ronéophone, máquina de ditado

O princípio é bastante simples: um fonógrafo cujo disco é controlável à vontade registra a fala. Em seguida, uma datilógrafa usa os fones de ouvido do aparelho e aciona o disco com um movimento mais lento, ouvindo as palavras gravadas. Um pedal permite controlar o aparelho, inclusive retornando para ouvir as últimas palavras que podem ter sido mal-entendidas ou esquecidas.

Os discos são espessos e podem gravar nas duas faces. Depois de usados, podem ser aplainados e reutilizados como novos. Assim, o mesmo disco pode ser reutilizado até 250 vezes.

Um tal aparelho representa o fim da estenografia. O principal é que se deixa de ser escravo das horas livres da estenodatilógrafa. Dita-se sua correspondência ou passa-se seus pensamentos para o *Ronéophone* em qualquer momento livre. À medida que os discos se acumulam, vão sendo armazenados, para ser oportunamente transcritos à máquina de escrever.

As máquinas de escrever e de estenografar, por sinal, não são as únicas cuja contribuição seja útil ou indispensável, de acordo com o caso.

As máquinas de calcular e de somar, e as máquinas registradoras correspondem a necessidades e circunstâncias diversas.

É preciso principalmente saber que existem, como funcionam e qual o rendimento prático dos diversos *aparelhos multiplicadores, de policópia* ou *multicópia*. Estes, por sistemas variados, permitem reproduzir, de um até dois mil exemplares, um trabalho cujo texto original tenha sido escrito à mão ou à máquina. O modelo de aparelho adotado irá variar de acordo com o número de reproduções desejado e o grau de perfeição exigido, e também com o preço que se quer ou que se pode pagar.

O *custo efetivo*, de fato, deve sempre ser considerado cuidadosamente em qualquer organização dessa, por assim dizer, *indústria do pensamento*.

A *organização econômica* de um escritório, desde um simples escritório particular até a maior das administrações, deve sempre considerar a produção contínua como seu princípio fundamental. O número de funcionários e o de aparelhos devem ser proporcionais, de tal forma que cada um trabalhe produtivamente em sua especialidade sem ser obrigado a interrupções e a períodos de inatividade por falta de ocupação. É uma regra definitiva nas usinas e nas fábricas. É obrigatório ater-se a ela também nos escritórios.

O cálculo do custo definitivo do trabalho de escritório é difícil de ser estabelecido. Motivo a mais para dedicar-lhe atenção. Para os equipamentos devem ser incluídos:

1º. O preço de aquisição;
2º. O valor de manutenção;
3º. O consumo de insumos diversos.

Em relação aos aparelhos multiplicadores, é fácil calcular a quantidade de exemplares a partir da qual torna-se mais vantajoso recorrer a uma gráfica.

É muito importante compreender a imensa vantagem para um engenheiro, para o diretor de uma empresa importante e para muitos outros em dispor de uma quantidade suficiente de servidores da produção intelectual, munidos de um bom aparato de produção.

Nada é mais lamentável do que ver, na hora atual, homens de alto valor intelectual, capazes de uma grande produtividade, amarrados a serviços secundários de escritório, escrevendo eles mesmos suas cartas, às vezes até mesmo passando-as a limpo. *É tempo perdido, força intelectual desperdiçada.*[2]

---

[2] O leitor atual poderá, facilmente, aplicar os princípios aqui apresentados à multiforme variedade de tecnologias de que dispomos hoje, inimagináveis para o autor cem anos atrás — NE.

Capítulo VII

Os institutos de bibliografia

De alguns anos para cá, e na maioria dos países, foram fundados institutos de bibliografia, quase todos filiais do Instituto Internacional Bibliográfico de Bruxelas. Apesar de nem todos serem ligados a ele, no mínimo adotaram seu modelo e se inspiraram em seus objetivos e métodos.

Talvez alguns espíritos rabugentos sejam levados a criticar, por princípio, a própria existência de organizações desse tipo; de fato, parece natural declarar que os benefeitos dos trabalhos do espírito devem ser reservados exclusivamente àqueles que podem dedicar-se pessoalmente a eles.

No entanto, da forma mais honesta e mais lógica, estes institutos vêm em auxílio daqueles que, por diversos motivos, não têm a menor possibilidade de empreender as pesquisas bibliográficas indispensáveis aos trabalhos que desejam desenvolver.

Quantos pesquisadores e trabalhadores de cidades pequenas não ficarão bem felizes em recorrer aos serviços destes institutos, que poderão se encarregar de vasculhar para eles todas as bibliotecas das capitais intelectuais da Europa!

Às vezes, também, determinada personalidade, mesmo tendo a seu alcance as grandes bibliotecas, não pode, devido a suas ocupações, dispor de tempo para dedicar-se a suas pesquisas, sempre tão prolongadas.

No entanto, a não ser que surjam obstáculos intransponíveis, é sempre preferível fazer sua própria bibliografia, pois o espírito do próprio autor, mais alerta do que o espírito de terceiros, poderá sempre aproveitar o encontro fortuito de um texto ou de uma citação, que poderá passar despercebido por um auxiliar, mesmo inteligente e bem remunerado.

O verdadeiro centro do Instituto Bibliográfico era em Bruxelas. O que resta dele atualmente? Não sabemos.[1]

Na França, diversas tentativas de se criar organizações análogas tiveram pouco sucesso, ao menos comercialmente, mas talvez sua própria existência permaneça desconhecida para muitas pessoas que poderiam beneficiar-se de seus serviços. Seria necessário fazer uma grande divulgação, que nunca foi feita.

Um escritório do Instituto de Bruxelas funcionou em Paris, há alguns anos, mas deixou de existir em pouco tempo.

Em 1894, o Doutor Marcel Beaudoin fundou em Paris um "Instituto Internacional de Bibliografia", limitado às ciências médicas. Essa organização continua existindo, e é atualmente dirigido pelo senhor Gerguy. Esse instituto se encarrega de:

1º. Consultas bibliográficas (nome de autor, título e data de uma obra, local da edição, etc.);

2º. Pesquisas bibliográficas (reunir a indicação de todos os trabalhos publicados sobre determinado tema, ou de todos os trabalhos de determinado autor);

3º. Análise do resumo em francês de trabalhos científicos publicados em todas as línguas;

4º. Fornecer cópias de diversos artigos ou trabalhos;

5º. Traduções de todos os tipos e em todas as línguas.

---

[1] Progressivamente desmantelado por falta de recursos financeiros e de apoio governamental após o fim da Primeira Guerra, atualmente seus arquivos encontram-se no Mundaneum, centro de arquivos em Mons, na Bélgica — NT.

OS INSTITUTOS DE BIBLIOGRAFIA

Os institutos bibliográficos especializados possuem um repertório que pode ser considerado relativamente completo, no referente às questões relevantes à sua especialidade. Para tirar o melhor proveito de seu uso, é bom saber quais são as reais dificuldades que poderão surgir. Antes de tudo, é indispensável saber delimitar com precisão os contornos exatos da questão para a qual está sendo pesquisada a bibliografia, e esta delimitação é muito mais difícil do que se pensa inicialmente. Por mais cuidadosa e minuciosa que tenha sido a redação do texto de uma questão, é raro, quase excepcional, fazer-se compreender com exatidão por aquele que irá proceder à pesquisa bibliográfica em seu lugar. Efetivamente, não apenas se deve delimitar com exatidão o tema, mas, além disso, é necessário indicar os limites da pesquisa no tempo e no espaço. É preciso procurar a bibliografia completa em todas as línguas? A que país devem ser limitadas as pesquisas? Deve-se percorrer obras completas, ou todos os periódicos, ou ainda as teses, e em todas essas categorias, em que língua?

Portanto, é importante saber muito bem o que se pede e defini-lo de forma muito clara, pois, sem esta precaução simples, corre-se o risco de a pesquisa tomar uma dimensão muito maior do que era a intenção.

Já foi dito, não sem alguma malícia, que na língua alemã, por exemplo, a bibliografia de qualquer questão, por mais recente, simples e desconhecida que seja, implica pelo menos um grosso volume. Será de antemão necessário prevenir este tipo de desequilíbrio da bibliografia; devem ser indicadas as datas limite da pesquisa. De forma geral, a única bibliografia útil costuma ser a dos anos mais recentes.

Outra organização, que pode ser útil em alguns casos, é a das *bibliotecas circulantes*, existentes em diversas especialidades (literatura, medicina etc.).

Capítulo VIII

Aplicação do material

Os capítulos anteriores demonstraram, sem contestação possível, que com a adoção da técnica adequada pode-se com facilidade acumular, conservar, classificar e localizar todos os documentos indispensáveis a uma vida intelectual bem organizada.

Esses documentos serão um complemento precioso em muitas circunstâncias. Obrigar-se a determinados hábitos de organização para montar a coleção certamente terá sido benéfico para o próprio espírito que passou a conhecer melhor seus meios e recursos, e que, com os métodos adquiridos, poderá melhor empregá-los e valorizá-los.

No entanto, o acúmulo de documentos não constitui um objetivo de vida, e sim um meio. O verdadeiro objetivo é empregá-los.

São raros aqueles que se contentam em acumular documentos sem nunca procurar tirar partido deles.

Entretanto, em certos domínios da ciência, a divisão do trabalho pode levar a isso. Por exemplo, em história, uma multidão de trabalhadores dedica seus esforços unicamente à pesquisa de documentos. Existe um nome especial para esse ramo das ciências da história: é a *heurística*,[1] e certos espíritos particularmente talentosos para esse tipo de trabalho prestam um grande serviço ao preparar a tarefa dos historiadores capazes de sintetizar e de escrever capítulos de história geral.

Na maior parte das vezes, a divisão do trabalho não chega a ser tão acentuada, e todo homem instruído irá querer *produzir*, em algum momento da vida. Irá desejar escrever uma obra, redigir um comunicado, uma simples nota. Mesmo sem chegar à publicação, será levado pelas necessidades da prática cotidiana a resumir uma questão em algumas páginas, ou mesmo em algumas linhas, a redigir instruções e ordens para sua equipe etc. É surpreendente constatar a dificuldade encontrada no início, até mesmo pelos mais instruídos, com esse tipo de tarefa. No entanto, é fácil perceber o motivo: ao longo dos estudos universitários, tais questões nunca foram abordadas sob esse aspecto.

Todo exercício de composição literária, no sentido escolar, é um exercício de estilo. É unicamente a forma que importa. A perfeição requerida no expressar de idéias, na escolha de palavras, na formação das frases, faz perder de vista inteiramente a importância das idéias em si que servem de tela para a frase, para o "dever". A pobreza intelectual e a bizarrice dos temas de "composição francesa" mais freqüentes o demonstram amplamente.

Utilizar a frase preenchendo-a com idéias fortes e precisas parece ser próprio de industriais, de comerciantes. *Considerar o estilo como a veste obrigatória, porém simples auxiliar do pensamento, é um conceito que vem pouco a pouco se firmando, porém, inexistente quando se sai do colégio.*

Assim, como dizíamos acima, estruturar seu pensamento, agrupar os argumentos, os fatos e as evidências antes de redigir é uma tarefa para a qual os estudos não prepararam os jovens.

Que surpresa para os *bacheliers* quando se lhes pede para redigir uma carta de negócios! Quantos não se sentiram humilhados por serem incapazes de fazê-lo, enquanto um velho

---

[1] Langlois e Seignobos, *Introduction aux études historiques* [Introdução aos estudos históricos], 1898, p. 92.

funcionário, de pouca instrução, porém experiente no ofício, se diverte com seu fracasso!

Felizmente não há mal sem remédio, e aí novamente a *propedêutica geral*, a técnica dos métodos de trabalho, virá em auxílio àqueles que desejarem retomar essa parte desprezada de sua instrução inicial.

É claro que se trata aqui exclusivamente de conselhos práticos, de ordem puramente técnica, sem a menor intenção de concorrer com um tratado de retórica[2] nem com um manual de composição francesa, ou mesmo com a *Arte poética* de Boileau.

O caso considerado é bem específico: um estudante, ou um homem de mais idade, sabe escrever, e pode até ser excelente. Mas no momento de tratar de uma questão precisa, técnica, eis que nosso homem se vê desconcertado, pois não sabe como estruturar seu tema, preparar seu material, fazer todo o trabalho preliminar que o conduziria ao ponto de conforto em que sua única tarefa seria redigir.

PRODUZIR

A produção intelectual abrange tanto trabalhos compulsórios, impositivos, quanto trabalhos originais. Os trabalhos compulsórios e impostos são resultado de nossas obrigações diárias, das múltiplas circunstâncias de nossa profissão. Uma carta que tem de ser respondida, um relatório sobre determinada questão, ou mesmo uma tese de doutorado requerida para conclusão de um período de escolaridade superior. O tema do trabalho, portanto, se impõe àquele que irá executá-lo.

Mais complexa é a *produção de um trabalho* verdadeiramente *original e espontâneo*.

A questão merece ser considerada.

---

2 A obra de Bezard, *De la Méthode littéraire (Journal d'un professeur dans une classe de première)* [Do método literário (diário de um professor do secundário)] (Paris: Vuibert, 1911), livro que se tornou clássico tão rápida e merecidamente, demonstra inteiramente a veracidade das críticas expressas aqui.

Certos autores são obrigados, quer seja por sua situação, quer seja por algum contrato editorial ou jornalístico, a produzir periodicamente artigos de atualidade. Essa forma de escravidão, que pode apresentar algumas vantagens em razão dos benefícios assegurados àqueles que se sujeitam a ela, nem por isso deixa de apresentar grandes inconvenientes, relacionados à obrigação em que se encontra o autor de produzir em data fixa um trabalho que pareça original.

A esse propósito, basta relembrar, para quem conhece os detalhes, a história de Berlioz e das crônicas musicais periódicas com as quais ele se tinha comprometido. Escrever o artigo semanal contratado havia se tornado o pesadelo de sua existência e lhe provocava semanalmente crises de furor. O estado de espírito em que se encontrava no momento em que redigia sua crônica certamente teve influência na imparcialidade de seus julgamentos, e provavelmente foi a causa de erros de apreciação flagrantes que ele talvez não viesse a cometer se tivesse concebido e redigido seus artigos com sangue frio e sem imposição.

QUAL É A GÊNESE DE UM TRABALHO ORIGINAL?

Pode parecer que a produção de um livro seja reservada, de certa forma, a um número restrito de pessoas que são de alguma forma predestinadas, chamadas, com uma aura de respeito, de AUTORES.

É verdade que certas pessoas têm muito mais facilidade para escrever do que outras, mas o risco é que exatamente essas pessoas abusem de seu talento natural e, sem nenhuma idéia original a apresentar ou explorar, passem a escrever sem objetivo, sem motivação, levadas por uma compulsão, uma necessidade de publicar. Dessa forma, as bibliotecas abarrotam-se de obras irrelevantes, sem nenhuma utilidade para o leitor.

Seria infinitamente preferível que a produção de livros, e mesmo de artigos de jornais, fosse reservada àqueles que têm uma idéia original digna de ser explorada. A literatura e os periódicos só teriam a ganhar em interesse; mas é comum que espíritos curiosos, inovadores, com algo a transmitir não dominem os meios de conceber um artigo ou uma obra para expor suas idéias.

Alheios à técnica especial das publicações, não ousam enfrentar os perigos de um ofício que lhes parece repleto de segredos; dizem não saber escrever, e temem cair no ridículo ao expor desajeitadamente suas idéias, mesmo que de primeira ordem.

É verdade, infelizmente, que, sensíveis aos encantos da forma, temos tendência a depreciar qualquer produção, mesmo científica, da qual apenas o conteúdo seja interessante, mesmo que este apresente real valor. É um viés de nossa raça. Qualquer espírito sério deve precaver-se e reagir contra isso com todas as forças.

No entanto, uma boa idéia, amadurecida e trabalhada com método por um espírito notável, será sempre capaz de interessar aos leitores.

Uma idéia, por mais original que seja, segue sempre uma regra; ela é sempre resultante do fato de seu autor possuir uma qualidade dominante: *a faculdade de admirar-se*.

Para o adulto, saber "admirar-se" intencionalmente, deliberadamente, significa conservar o estado de espírito que é tão desenvolvido nas crianças e que lhes dá a respeitável curiosidade de sempre perguntar "por quê?".

O fato de ser educado em ambiente limitado, a rotina tradicional, e a preguiça de espírito que se instala aos poucos na vida dominada pelo hábito, nos fazem perder a curiosidade de perguntar "por quê?".

E, principalmente, nos acostumamos a nos dar por satisfeitos com explicações puramente verbais, que não passam de palavras sem significado, porém suficientes para satisfazer os apetites incertos dos espíritos pouco inovadores.

Os únicos capazes de produzir trabalhos originais serão aqueles que, mantendo a capacidade de "admirar-se", conseguirem também *ver* ao seu redor, e principalmente *olhar*. Passeando, conversando, lendo sempre, irão se interrogar sobre a explicação de diversos fatos que o comum dos mortais considera perfeitamente resolvidos. Certas associações serão fecundas e darão origem a idéias novas cujo alcance pode, por vezes, ultrapassar infinitamente o conceito inicial.

Ao saber interrogar a si próprio com imparcialidade, percebe-se que se desconhecia a questão aparentemente mais simples; em seguida, constata-se que, no seu entorno, pessoas com reputação de competência também a ignoram.

Algumas pesquisas demonstram que a questão é recente, não tendo sido até aqui considerada sob esse aspecto. Está madura para ser estudada. Os resultados das pesquisas nascidas dessa forma muitas vezes merecerão ser redigidos e publicados. Nesse ponto intervém novamente a técnica do trabalho e voltamos ao nosso assunto.

Um bom conselho prévio: ele se deve ao Professor Grasset, que insiste nele, e com razão. Esse mestre eminente, que trabalhou e produziu muito, diz que *não devemos jamais nos ocupar com mais de um trabalho ao mesmo tempo*. Pode-se, então, dedicar à obra todo seu tempo, todas as pesquisas, pensá-la, remoê-la, todas as idéias vêm cristalizar-se em torno de um núcleo central, e assim se obtém um bom resultado. *Nunca é demais entregar-se por inteiro à obra ou ao livro que se prepara.*

A atividade, ao se tornar difusa, torna-se fatalmente confusa e incompleta. Qual é então a técnica prática de uma obra da mente?

TÉCNICA

1º. BUSCA DE DOCUMENTOS

Por mais espontaneamente que uma idéia tenha se apresentado ao espírito, é sempre prudente considerar que ela já pode ter sido tratada por alguém, ou mesmo ter sido publicada. Por falta de pesquisa e conferência, pode-se passar por mero plagiário. Portanto, este é o momento de levantar ao menos a bibliografia sumária do assunto, e assim se estará informado. Mas essa bibliografia deve manter-se em segundo plano, como ponto de referência para nosso pensamento e nossa iniciativa. *Se empreendida muito cedo, paralisa o espírito inventivo, afundando-o em erudição.*

Não retornaremos aqui ao método propriamente dito dessas pesquisas bibliográficas, já descrito acima (p. 40). Essa bibliografia sempre gera, ao mesmo tempo, alguns documentos, e fiéis a nossos princípios, anotaremos sempre essas informações à medida que se apresentem.

2º. DELIMITAR O ASSUNTO

Já cientificado pelas pesquisas precedentes sobre o valor do assunto a ser tratado, deve-se empreender uma operação essencial, que é delimitar com precisão o tema que se deseja tratar.

Quando ainda não se está habituado a publicar, o instinto costuma ser entregar-se a um trabalho enciclopédico, que, tomando a idéia desde o seu surgimento histórico, a conduz até nossos dias sem poupar o leitor de nenhuma de suas modificações. Acumula-se argumentos e corre-se o risco de ficar perdido no desenvolvimento de idéias parasitas que se introduzem inutilmente no tema principal, tornando-o pesado sem nada acrescentar a seu valor demonstrativo. Tais defeitos são extremamente comuns nos trabalhos científicos, principalmente, até onde sabemos, nas teses de doutorado de medicina.

Uma obra destinada ao público tem como eixo uma idéia principal que deve permear todo o livro, de forma que o leitor, ao terminar de percorrê-lo, guarde uma idéia clara, precisa, bem estabelecida da idéia que o autor quis transmitir e fazê-lo aceitar. Uma obra bem-feita não pode ter dois temas.

3º. COORDENAR AS IDÉIAS E AS ANOTAÇÕES. MONTAR O PLANO

Por mais curto que seja o trabalho que se deseja produzir, é raro que se possa dispensar a montagem de um plano. Alguns escritores calejados no ofício parecem ser capazes de fazê-lo. Mas deve-se ter em mente que uma ginástica permanente lhes permite traçar antecipadamente o plano do que vão escrever, e, quando começam a redigir, o plano está presente em seu espírito, concebido, completo, como se pudessem vê-lo.

Para os iniciantes, é indispensável traçar um plano *por escrito*, prepará-lo, refletir sobre ele, corrigi-lo, e só se deve começar a escrever quando o plano estiver completamente de acordo com o pensamento, contendo-o inteiramente, claro, ordenado, com todos os seus membros, ossatura e idéias nos seus lugares.

Muitas vezes, quando se trata de trabalhos de grande envergadura, corre-se o risco de enfrentar uma dificuldade que pode parecer insuperável e para a qual os métodos de trabalho oferecem uma solução absolutamente simples.

Vejamos o caso no qual o trabalho a ser redigido inclui um determinado número de citações ou referências. Citações ou referências foram anotadas em leituras anteriores, mas é preciso que agora elas estejam oportunamente à mão no momento adequado, em apoio a alguma das idéias do texto, ou fazer parte dele na forma de citações. É uma espécie de trabalho de mosaico. O número de anotações acumuladas pode ser considerável, e não é raro, ao iniciar um trabalho de certa importância, que se tenha reunido algumas centenas de anotações. A memória com certeza não seria suficiente para lembrá-las todas, e não seria possível tê-las todas sempre presentes no espírito para serem utilizadas no momento desejado.

Portanto, quando se possui um número muito grande de anotações, é preciso vinculá-las de alguma forma ao plano, de forma que essas anotações possam ser localizadas quase automaticamente no momento devido.

A técnica detalhada é a seguinte: arrumadas em determinada ordem, todas as fichas sobre as quais foram anotadas uma referência ou uma idéia recebem um número de ordem, da primeira à última; mesmo se uma ficha contiver diversos fatos, citações ou idéias, é aconselhável numerar separadamente cada uma dessas. Feita a numeração, retoma-se as fichas a partir da primeira, e com o plano sobre a mesa, diante de si, reflete-se cuidadosamente sobre o ponto do plano onde será inserida a citação, em que parte a anotação será citada. No plano, no local escolhido, anota-se o número da ficha.

Opera-se da mesma forma com todas as fichas sem exceção, e com o trabalho de verificação e anotação terminado, constata-se que o plano é não somente um repertório das idéias principais, mas também um guia para uso de todos os documentos.

APLICAÇÃO DO MATERIAL

Livre então das preocupações com detalhes, certo de não mais se encontrar submerso em documentos e por outro lado sem risco de ter omitido algum deles indevidamente, o autor deixa de ter qualquer preocupação além de redigir seu trabalho.

4º. REDAÇÃO

Em relação à redação, não tenho nenhuma pretensão de dar preceitos gerais. Cada um redige a seu modo, e estilo não é assunto a ser discutido aqui. No entanto, mesmo em relação à técnica de redação, os hábitos individuais diferem muito.

Alguns trabalham bem cedo, reservando as primeiras horas do dia para o trabalho individual. Outros são trabalhadores vespertinos, e chegam a prolongar o trabalho noite adentro, pois estimam que é esse seu período de maior liberdade de espírito. Sobre isso não há normas a seguir, é uma questão de preferências individuais e de organização geral da vida. Cada um que trabalhe nas condições que lhe parecerem mais favoráveis, sem tentar impô-las a terceiros como as únicas possíveis.

Muitos só são capazes de redigir qualquer trabalho escrevendo pessoalmente; é o procedimento mais comum, e não se pode pedir a todos que adotem o método do ditado, tornado o mais produtivo de todos com os métodos modernos.

Todo autor habituado a fazer conferências, a *expressar corretamente seu pensamento*, irá obter uma produção infinitamente mais rápida *ditando* seus trabalhos. A estenografia, a estenodatilografia e os aparelhos de ditado são sistemas muito em uso atualmente, nos meios industriais e comerciais, e pode ser altamente vantajoso utilizá-los nos trabalhos do espírito. É certo que todo sistema requer aprendizado; quem está habituado a escrever não irá simplesmente sair ditando fácil e corretamente seu pensamento; mas a recíproca também é verdadeira, e aquele que se acostumou a ditar certamente terá dificuldades em redigir ao encontrar-se sozinho diante da folha de papel.

EXECUÇÃO MATERIAL DO TRABALHO

Existe uma verdadeira técnica prática da redação, que simplifica extremamente o trabalho. Todos nós sem dúvida nos lembramos dos trabalhos de redação da escola. No caderno de rascunho, lançávamos as idéias à medida que chegavam, então se rasurava, riscava, multiplicavam-se as menções à margem, as remissões ao pé da página ou na página seguinte, e, quando o trabalho já havia levado um certo tempo, dávamo-nos por satisfeitos no momento em que era constatada a impossibilidade material de acrescentar mais uma palavra ou correção que fosse, por falta de espaço.

Nesse alfarrábio encardido, o trabalho de cópia não era dos mais fáceis, e, quando se fazia a cópia definitiva, espantoso era perceber que havia ainda erros de redação, lacunas consideráveis ou inversão na ordem das idéias, defeitos que no rascunho tornado indecifrável haviam passado despercebidos.

Há, no entanto, um modo bem simples de escapar a esses inconvenientes. Quando se faz uma redação de alguma importância, com vista à publicação de uma obra, ou para um trabalho que merece ser cuidado, deve-se fazê-lo em folhas separadas, numeradas. Usa-se apenas um lado das folhas, deixando o outro em branco. Estando terminado o primeiro jorro da redação, percebe-se que há em alguns pontos importantes acréscimos a ser feitos. Em vez de se esforçar por inscrever esses acréscimos em um canto da margem, onde eles dificilmente caberiam, toma-se um par de tesouras e corta-se a página exatamente abaixo da linha em que deve ser inserido o acréscimo. Cola-se um pedaço de papel em branco embaixo da parte que se deseja completar. Nessa folha acrescentada (figura 16), escreve-se tudo que se deseja intercalar nesse espaço. Terminado o acréscimo, toma-se novamente a tesoura, corta-se abaixo da última linha que foi inscrita, e cola-se abaixo desta última linha a parte inferior da página recortada.

APLICAÇÃO DO MATERIAL

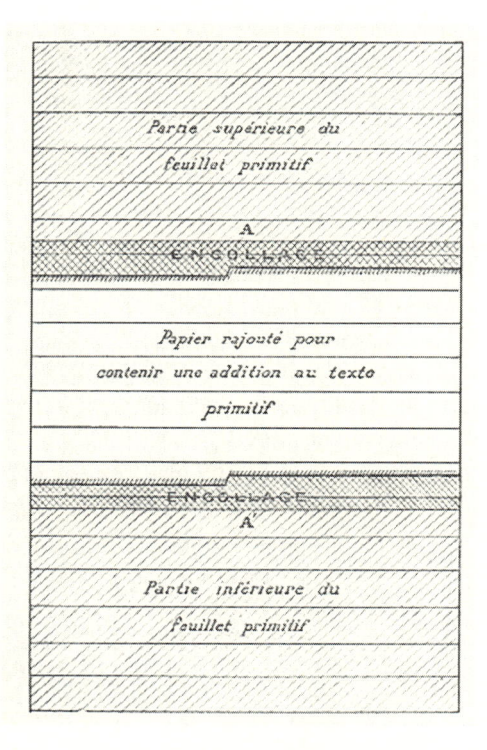

Figura 16 — Processos práticos de redação: acréscimo AA'
Partie supérieure du feuillet primitif = parte superior da folha original;
encollage = emenda; *papier rajouté pour contenir une addition au texte primitif* = papel acrescentado para conter um acréscimo ao texto original;
partie inférieure du feuillet primitif = parte inferior da folha original

Se, contrariamente, um trecho deve ser suprimido, pode ser melhor recortar a parte da página em que estava escrito do que rasurá-la. O olho e o pensamento seguem melhor a seqüência das idéias quando estas encontram-se diretamente conectadas no papel. Esse sistema de recortar e colar apresenta outra grande vantagem, quando se trata de modificar a ordem de uma apresentação ou alterar a seqüência dos parágrafos. Em vez de multiplicar as remissões, e também para evitar a necessidade de copiar uma passagem que já havia sido escrita em outro local, é muito mais simples usar novamente tesoura e cola. Rapidamente se coloca cada trecho em seu lugar, e essa transposição, aliás, não tem nada de definitivo; se não se está satisfeito com o novo arranjo testado, pode-se restabelecer a ordem inicial ao custo de um novo recorte.

Essa técnica de redação pode parecer pueril para quem está imbuído dos métodos tradicionais. No entanto, é extremamente recomendável, pois traz ao espírito, durante a redação, hábitos de ordem e de clareza, cujos benefícios virão na forma de limpidez do estilo e de vigor no encadeamento de idéias.

Não se deve menosprezar os acessórios e as eventualidades da redação. Tinha razão o Conde de Buffon, quando vestia seus punhos de camisa para escrever mais corretamente. Aliás, diz-se que seu sistema foi-lhe proveitoso.

Todos esses procedimentos técnicos de que acabamos de falar dizem respeito, principalmente, à própria composição do tema, e facilitam mais a elaboração do conteúdo do que a correção da forma. Mas a forma também será beneficiada.

É claro que esse sistema não tem a pretensão de ser novo, tampouco excepcional. Foi, por exemplo, o sistema de trabalho de Lamennais, que provavelmente não foi seu inventor. É empregado comumente por jornalistas. Só se lamenta que sua simplicidade não tenha sido atraente a ponto de assegurar sua divulgação.

Parece quase sempre ser uma novidade quando se fala dele.

Recomendação útil: vale a pena, quando algum trabalho parece ter atingido o mais alto grau de perfeição possível, deixá-lo repousar por alguns dias ou semanas, esquecê-lo até, para em seguida retomá-lo: os defeitos se tornam mais visíveis e mais facilmente corrigíveis. Mas isso é quase um método literário.

Uma dificuldade com a qual não se está muito familiarizado, quando ainda não se publicou muito, é a que ocorre com o emprego de *figuras* a serem anexadas a um texto. É muito útil saber intercalar adequadamente em uma demonstração uma imagem ilustrativa. O leitor tem sua atenção atraída, e entende imediatamente uma explicação, mesmo complexa, quando esta vem acompanhada, no momento certo, por uma figura demonstrativa.

APLICAÇÃO DO MATERIAL

Muitos editores conhecem o valor das figuras nas publicações, sabem que elas são um dos maiores atrativos de venda, e dirigem todo seu esforço para que as figuras de suas obras sejam cuidadas e atraentes.
Outra técnica que deve ser assimilada, quando a intenção é não se contentar com nada menos do que uma obra perfeita, é da *composição tipográfica*. O valor relativo dos diversos caracteres empregados, principalmente nas obras didáticas, constitui uma verdadeira ciência na qual alguns editores tornaram-se mestres, mas que os próprios autores deveriam conhecer.

Conclusão

Assim, essa forma particular de ciência, a *propedêutica geral*, é, como acabamos de ver, bem definida em seus objetivos, simples nos seus métodos, fértil em seus resultados, e indispensável a todos devido a suas inúmeras aplicações.

Não é exagero dizer que todos que dela tomarem conhecimento serão convencidos de suas imensas vantagens.

É um método de cultura individual, acessível a todos, cultura individual proveitosa a todas as profissões.

Algumas horas bastam para aprender seus princípios. Sua aplicação prática se torna confortável depois de empregada por alguns dias.

Uma pesquisa junto a uma série de homens envolvidos com trabalhos intelectuais demonstrou que todos eles, quando eu o mencionava, lamentavam não ter conhecido desde o início um método do gênero. Todos me disseram: "Como poderíamos ter ganhado tempo, como nos teria sido mais fácil trabalhar e produzir, se nossos recursos técnicos tivessem sido organizados e aperfeiçoados assim!".

Decerto que os mais velhos irão perceber melhor a falta que lhes fez o método. Mas talvez, escravizados pela rotina de seus procedimentos habituais, mesmo cientes de seus defeitos, eles tenham mais dificuldades para adotar um novo método que viria perturbar sua acomodação.

Por isso, na verdade, *é sobretudo aos mais jovens que devem ser ensinados os métodos da propedêutica.*

Estes, talvez, sintam menos a sua necessidade, mas serão muito mais capazes de assimilá-la. Provavelmente, muitos desses jovens irão postergar o momento de adotá-la, mas o farão rapidamente assim que seus estudos e sua situação no mundo os obrigarem a tornar-se metódicos, sob pena de serem ultrapassados.

As noções práticas da propedêutica geral deveriam ser paulatinamente ensinadas aos alunos, tanto no ensino primário quanto no secundário. Poderia ser tema de algumas aulas gerais, pelo término dos estudos. Essas aulas poderiam ser no formato "Conselhos para ingresso na vida intelectual e na vida prática".

E também seria interessante que essas mesmas questões fossem retomadas no início das aulas de ensino profissional ou superior, sempre indicando em cada caso o melhor modo de adaptação a determinadas condições específicas.

Seria necessário começar por introduzir seu estudo nas diversas escolas normais. Os professores devem ser convertidos e formados antes dos alunos.

Ao refletir um pouco mais atentamente na completa reviravolta que a adaptação de um método tão fértil em resultados provocaria nos hábitos em geral, percebe-se que o que se propõe é uma verdadeira revolução nos costumes educacionais e universitários da França. Imaginar que uma modificação tão radical possa ser realizada em alguns anos seria um estranho desconhecimento do invencível obstáculo que representam as tradições.

A psicologia das multidões, dos povos e das administrações está aí para confirmar que as transformações de costumes só surgem como fruto de esforços prolongados.

A organização metódica do trabalho intelectual tem sua melhor comparação com a organização das fábricas.

CONCLUSÃO

Taylor preocupou-se muito em prevenir seus leitores e admiradores sobre como o aperfeiçoamento de uma fábrica exigia muitos anos de um incansável trabalho de organização.

Um exemplo bem típico veio nos demonstrar recentemente que um administrador talentoso, o General Gallieni, sofreu sua maior derrota administrativa quando acreditou que seria possível, pelas mágicas virtudes de uma circular, modificar métodos de trabalho de sua administração.

Não se modifica uma administração, o que se pode fazer é criá-la, mas então é preciso preparar sua educação; é através de seus integrantes jovens que novos métodos podem ser inseridos. Os novos métodos do trabalho intelectual só têm possibilidade de ser adotados pelas novas gerações. É a estas que devem ser oferecidos.

Os jovens mais inteligentes, e sobretudo os mais práticos, os mais aptos ao combate da existência, serão os primeiros a assimilá-los, e estes muitas vezes irão dever sua situação privilegiada a um aumento real, quase extraordinário, de sua capacidade de produção intelectual, isto é, de seu real valor social pessoal.

É claro que se deve evitar que este tipo de ensino, de ordem essencialmente prática, seja tema para aulas magistrais exclusivamente teóricas. Permanecer na teoria é uma tendência absolutamente nefasta de nosso espírito, contra a qual se deve sempre reagir e se precaver.

Felizmente, fica claro que essa ciência um pouco especial não tem como ser objeto de um questionário, o que torna pouco provável que ela se torne tema de um exame ou de um concurso. Em conseqüência, não há o risco de que ela venha a tornar-se um novo peso para a memória.

Com toda certeza, é um método que irá aperfeiçoar-se e modificar-se conforme os progressos do século, e principalmente, conforme as invenções que virão. Deverá, na seqüência, ser mantido sempre atualizado.

Uma parte de sua aplicação, um pouco difícil e que exigirá daqueles que o ensinam muita habilidade, será adaptar seus princípios às tendências pessoais de cada espírito. Seria loucura pretender que todos os espíritos se ativessem a uma regra uniforme, por melhor que fosse. Pelo contrário, é preciso que na regra comum, regra média válida para todos, todos possam encontrar o que lhes pode ser útil e proveitoso.

Assim, por exemplo, ao colocar essa ferramenta nas mãos dos alunos saídos das escolas primárias e que dela necessitam ainda mais do que os outros, será necessário apresentá-la de forma muito simplificada, acessível, e adequada a seus hábitos.

Terminaremos afirmando a verdade de uma fórmula que é absoluta, apesar de freqüentemente negligenciada, ignorada e até mesmo ridicularizada: *a ordem é a verdadeira lei do trabalho intelectual*. Quem não observar essa lei estará fadado ao fracasso. Por isso, um bom método de trabalho intelectual é absolutamente indispensável a todos. A propedêutica geral, cujos preceitos essenciais acabamos de expor, responde, portanto, às exigências mais imperiosas do momento atual.